地図と年表で見る

ビジュアル版

日本の領土問題

浦野 起央

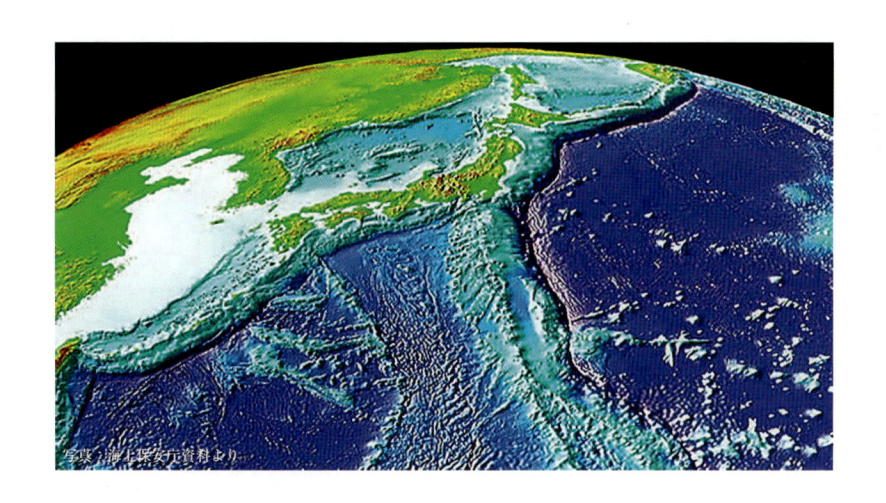

三和書籍

日本の領土問題の「いま」

日本の領土・領海・領空
どこまでが日本の領域か?

　日本は、領土こそ総面積約38㎢で世界61位の小さな国だが、領海と排他的経済水域を合わせた管理海域は約447万㎢で世界6位の海洋大国である。

　この領土の約12倍にも及ぶ管理海域の広さは、国境を形成する島々に帰するものだ。日本には大小6,852の島がある。日本の東西南北の端に位置するのはいずれも島で、図に示したとおりだ。

　これらの島々のうち、現在、日本は、尖閣諸島について中国と、竹島について韓国と、択捉島・国後島・歯舞群島・色丹島の北方領土についてロシアと、その領有をめぐって対立している。さらに、中国は琉球諸島（沖縄全域）・沖縄トラフ中国側の領有、韓国は対馬の領有をも主張している。本書では、日々報じられるこれらの問題を中心に、その概要を説明していきたい。

日本
領土面積は世界 **61** 位
　　でも↓
領海＋排他的経済水域の面積は **世界6位！**
領土＋領海＋排他的経済水域の面積でも世界 **9** 位

右図について
- **領土**：国の主権が及ぶ陸地部分。川や湖、島も含む
- **領海**：基線から最大12海里まで
  ＊基線とは、海岸の低潮線のこと。
- **接続水域**：基線から24海里の範囲で各国が設定する水域
- **排他的経済水域（EEZ）**：経済的な主権が及ぶ水域。基線から最大200海里まで
- **公海**：国家の支配の及ばない海域
- **領空**：領土と領海の上空部分（宇宙空間は入らない）

竹島
竹島（左が男島、右が女島）
出所：http://dokdo-takeshima.jp/

- 竹島はなぜ韓国に実行支配されるようになったのか…p58
- 竹島領有紛争の経緯…p60〜65
- 竹島領有について日韓の言い分…p66
- 今後への提言…p72

第3章へ

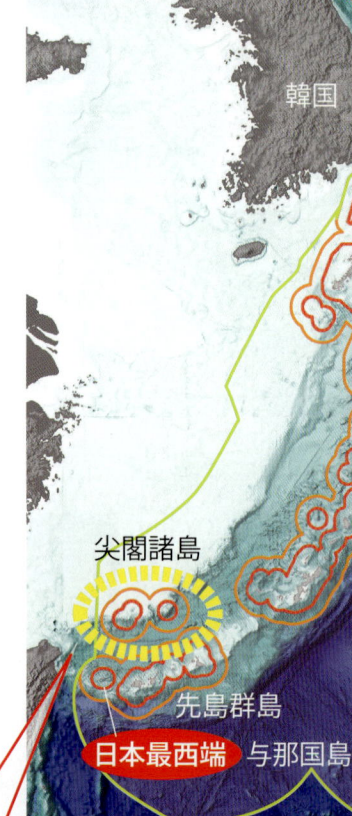

日本最西端 与那国島

尖閣諸島
魚釣島
出所：海上保安庁

- 尖閣諸島の発端・争点は何か？…p32
- 紛争と外交交渉の歴史…p36〜49
- 日中両国の論拠…p50
- 尖閣問題、今後への提言…p54

第2章へ

日本最北端 択捉島

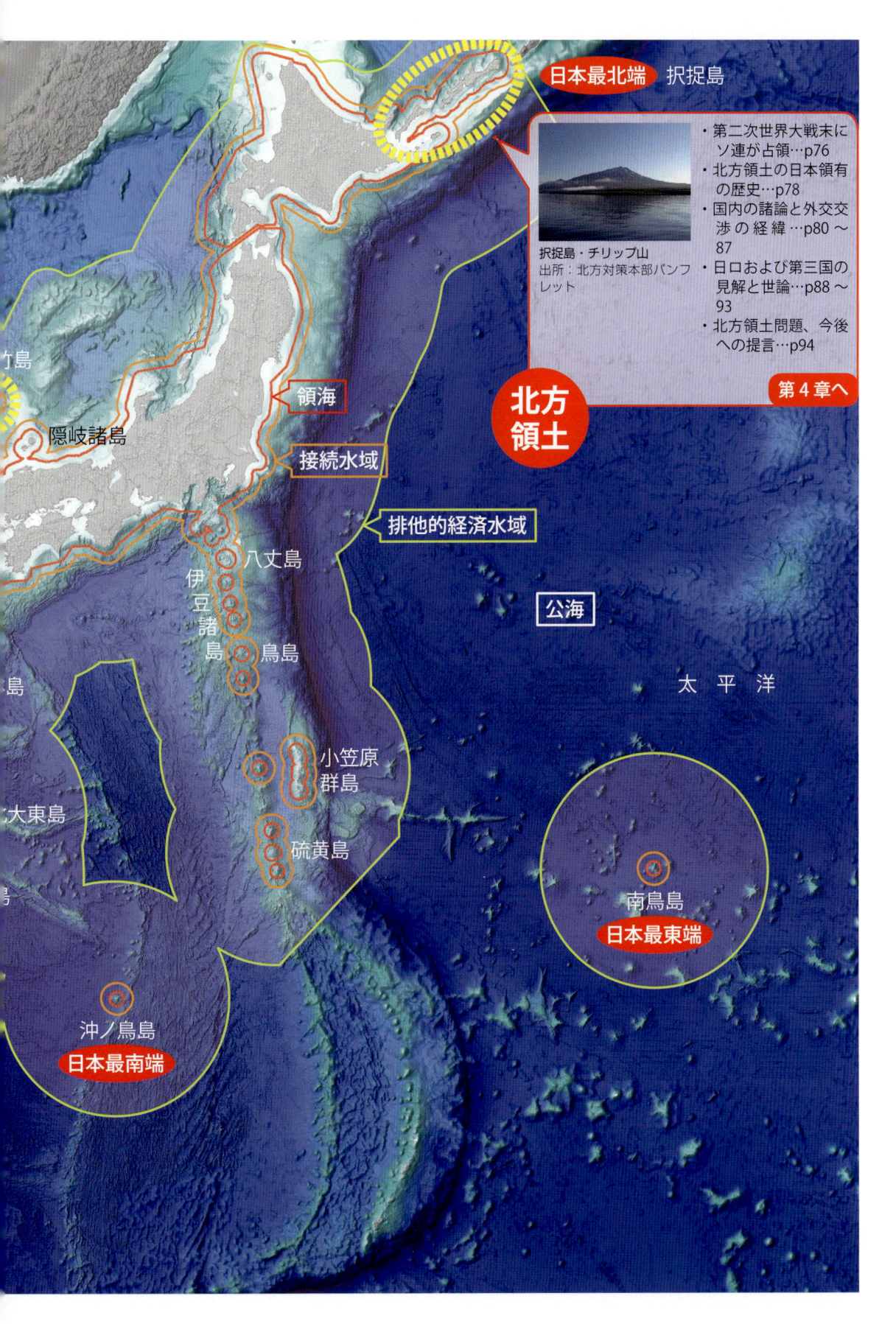

択捉島・チリップ山
出所：北方対策本部パンフレット

- 第二次世界大戦末にソ連が占領…p76
- 北方領土の日本領有の歴史…p78
- 国内の諸論と外交交渉の経緯…p80〜87
- 日ロおよび第三国の見解と世論…p88〜93
- 北方領土問題、今後への提言…p94

第4章へ

竹島

隠岐諸島

領海

接続水域

排他的経済水域

北方領土

八丈島

伊豆諸島

鳥島

公海

太 平 洋

小笠原群島

硫黄島

大東島

南鳥島
日本最東端

沖ノ鳥島
日本最南端

巻頭　日本の領土問題の「いま」　3

尖閣諸島問題
海洋権益と資源を狙う中国

　日本が明治中期から日本領であると宣言していた尖閣諸島に対し、中国や台湾が領有権を主張している問題を尖閣諸島問題という。

　尖閣諸島は琉球諸島とともに、第二次世界大戦後はアメリカが占領していた。1960年台後半に実施された東シナ海の海底調査で、尖閣諸島海域に原油が埋蔵されていることが確認され、1971年調印の沖縄返還協定で尖閣諸島が日本に返還されたころから、中国・台湾などが尖閣諸島の領有権を主張しはじめた。

　翌1972年の日中国交正常化では、当時の田中角栄総理大臣と周恩来首相が会談を行い問題の棚上げを示唆したが、1990年代に日本の右翼団体によって灯台が設置されたり、2000年代に中国人の活動家が島に上陸して逮捕されたりと、小競り合いが続いた。

　そして2012年、日本政府が尖閣諸島の国有化を発表すると、中国国内では激しい反日デモが展開された。日本資本のスーパーや工場などが相次いで破壊・略奪された。

　以後も尖閣諸島の海域・空域では、中国の領海侵犯・領空侵犯が続いている。

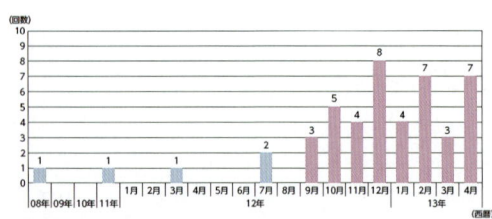

中国公船の尖閣諸島周辺の領海への侵入回数
出所：平成25年度版 防衛白書

尖閣諸島周辺海域を哨戒中の海上保安庁の巡視船
出所：海上保安庁

尖閣諸島を飛行するP-3C 固定翼哨戒機
出所：平成25年版 防衛白書

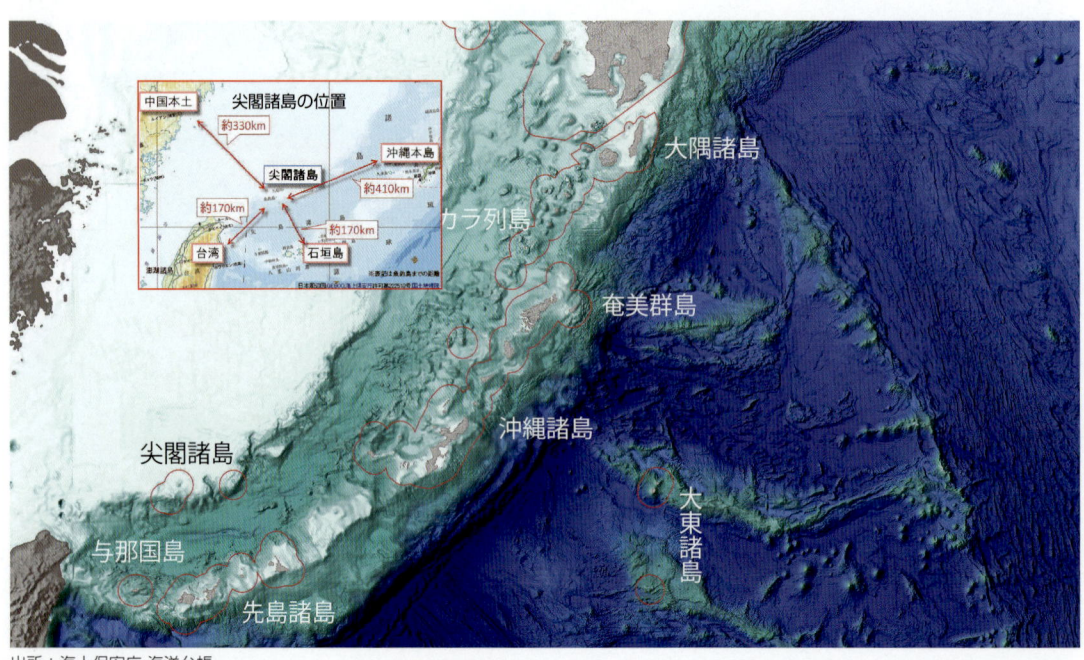

出所：海上保安庁 海洋台帳

	主な出来事
1900年代～	先占の法理で日本が領有。1960年頃まで漁場として利用。
1969年	調査によって尖閣諸島海域に石油などの鉱物資源があることが確認される。
1971年6月	日米が沖縄返還調停に調印。これと前後して、台湾、続いて中国が尖閣諸島の領土主権を主張するようになる。
1970年代	**中国**、大陸棚海域での資源開発に着手。
1978年4月	中国武装船が尖閣諸島海域に出現。
1978年6月	日本青年社が魚釣島に第二灯台を建設。
1995年6月	中国海洋調査船が、奄美大島から尖閣諸島までの海域、沖縄トラフでの大規模な資源調査を実施。以来、中国調査船の激しい**日本領海侵**犯が続く。
1996年9月	日本青年社が北小島に灯台を建設。香港と台湾の団体による尖閣諸島突入・上陸事件が起き、香港で大規模な抗議行動。
2004年3月	日本政府、尖閣諸島への日本人を含む上陸禁止措置。
2010年9月	中国漁業工作船が尖閣諸島海域に侵入し、海上保安庁巡視船と衝突。日本政府は船長を釈放。中国は謝罪・賠償を要求。
2012年4月	石原東京都知事、尖閣諸島の購入を表明。
2012年9月	日本政府が魚釣島・南小島・北小島を国有化すると、中国で反日デモが激化。 中国政府は尖閣諸島を領海とした「新海図」を国連に提出。中国漁船・巡視船が尖閣諸島海域で領海侵犯を続ける。
2013年1月	中国海軍艦艇が海上自衛隊のヘリコプターおよび護衛艦に向けて火器管制レーダーを発射。
2013年4月	日台漁業会議にて尖閣諸島海域の漁業水域に関する民間協定に合意。
2013年10月	外務省が尖閣諸島・竹島領有を啓蒙する動画をYoutubeにアップロード。
2013年11月	中国 尖閣諸島上空を含む防空識別区を設定。

中国漁船が海上保安庁巡視船に衝突（2010年9月）
出所：外務省制作の動画（海上保安庁の資料提供）

中国漁業監視船が領海内に初めて侵入。監視警戒中の巡視船「りゅうきゅう」（2011年9月）
出所：海上保安庁

東京都による尖閣諸島現地調査（2012年9月）
出所：東京都

尖閣諸島周辺の領空を侵犯した中国国家海洋局所属機（2012年12月）
出所：海上保安庁

海自護衛艦「ゆうだち」に火器管制レーダーを照射した中国ジャンウェイⅡ級フリゲート（2013年1月）
出所：平成25年版 防衛白書

出所：尖閣諸島パンフレット（石垣市作成）

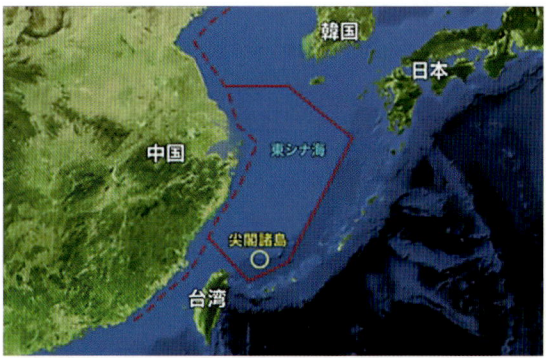

中国、尖閣諸島上空を含む防空識別区を設定（2013年11月）
出所：外務省

竹島問題
実効支配後、国際交渉に応じない韓国

　島根県に属する竹島は、韓国の実効支配下にあり独島と呼ばれている。

　竹島は、1905年に明治政府が島根県に編入した。当時はあしか漁などが行われていた。第二次世界大戦後、連合国総司令部（GHQ）は、「政治上または行政上の権力の行使を停止すべき地域」を指令。この中に竹島を含めた（しかし、これは領土帰属の最終的決定に関する連合国側の政策と解釈してはならない旨が記載されている）。サンフランシスコ平和条約では、日本が放棄すべき地域として「済州島，巨文島及び鬱陵島を含む朝鮮」を挙げている。ここには竹島は含まれていない。しかし、1952年に李承晩韓国大統領は国際法に反して「李承晩ライン」を制定。韓国側に竹島を取り込んだ。以後、韓国の実効支配が続いている。

　日本政府は、1954年・1962年に竹島問題の平和的な解決を目指して国際司法裁判所に付託する提案を韓国に対して行ったが、韓国側は拒否した。

　2012年、李明博韓国大統領が歴代大統領としては初めて竹島に上陸したことを受け、日本は改めて国際司法裁判所に付託しようと提案したが、これも韓国側は拒否。日本は単独提訴を検討するも見送りとなった。その後、就任した朴槿惠韓国大統領も竹島問題には強弁な態度をとっており、問題解決の糸口は見えていない。

	主な出来事	
	もともと、日本も韓国も竹島への往来があった。	
1432年	『世宗實録』に「于山（獨島）・武陵（鬱陵）の2島は離れておらず、**獨島**は鬱陵島に属するとの記述。	
1451年	『高麗史』に**于山島**の記述。	
1618年	**江戸幕府**、竹島への渡海免許状を発行。漁採地として竹島を利用する。	17世紀半ばには竹島の領有を確立
1635年	幕府、竹島への**渡航禁止措置**。	鬱陵島（竹島）を外国領と認識したわけではなく、住民同士のトラブル回避のための措置
1693年	不法に鬱陵島へ渡り漁労をしていた**安龍福**が日本へ連行され、後に朝鮮へ送還される。	
1696年	安龍福が再び日本へ渡り、鬱陵島と于山島は朝鮮の領土だと主張。帰国後、朝鮮政府に捕えられ、流罪となる。	現在の韓国では、独島の韓国領有の証拠のひとつとされているが、于山島が独島かどうかは明らかでない
1905年	「竹島の島根県編入に対する閣議決定」。先占の法理をもって日本領に。	
1946年6月	日本政府、『Minor Island Adjacent Japan Proper』に「竹島は日本固有の領土」と明記。	
1947年8月	朝鮮山岳会、竹島を調査。	
1948年8月5日	**李承晩**の意を受けて、**憂国老人会**がマッカーサー連合軍最高司令官に、独島、波浪島、及び対馬が韓国領土であるとの**請願書**を提出。	サンフランシスコ平和条約の起草段階で、韓国が領土主張したが、日本領土として残った
1951年7月	韓国・李政権がダレス米国務長官顧問へ竹島を日本が放棄することを含む要望書を提出。	
1952年	韓国、**李ライン**宣言。マッカーサー・ライン・李ライン・資源漁業法によって竹島を囲い込み。米国の同意なしに「アメリカが独島は韓国領と認めた」などと発言。	以後たびたび、日本漁船や海上保安庁巡視艇などに対して発砲。武力による実効支配を進める
1953年3月	戦後、爆撃訓練場となっていた竹島が、その範囲から外れる。	
4月	韓国の独島義勇守備隊が**竹島に駐屯**。	竹島を武装化し、実効支配を行う
1954年9月25日	日本は韓国に**国際司法裁判所への付託**を提案。翌10月に韓国は拒否。	
1962年3月	日韓外相会談で、小坂善太郎日本外相が国際司法裁判所への付託を再提案するも韓国は拒否。	
11月	大平正芳外相が再々提案するも韓国は拒否	以後韓国は竹島に関する交渉を拒否
1965年6月	日韓基本条約調印。交渉の中で、竹島問題について「解決せざるをもって、解決したとみなす」との秘密合意が成立。	
1977年2月5日	福田赳夫首相が竹島は**日本固有の領土**と発言。	日本は抗議するも、韓国は聞き入れていない
1995年2月	韓国が、独島に接岸できる埠頭工事を強行。	
2012年8月	**李明博韓国大統領**、独島を訪問して統治を内外に誇示。	日本は抗議したが韓国は反発。論争に発展した

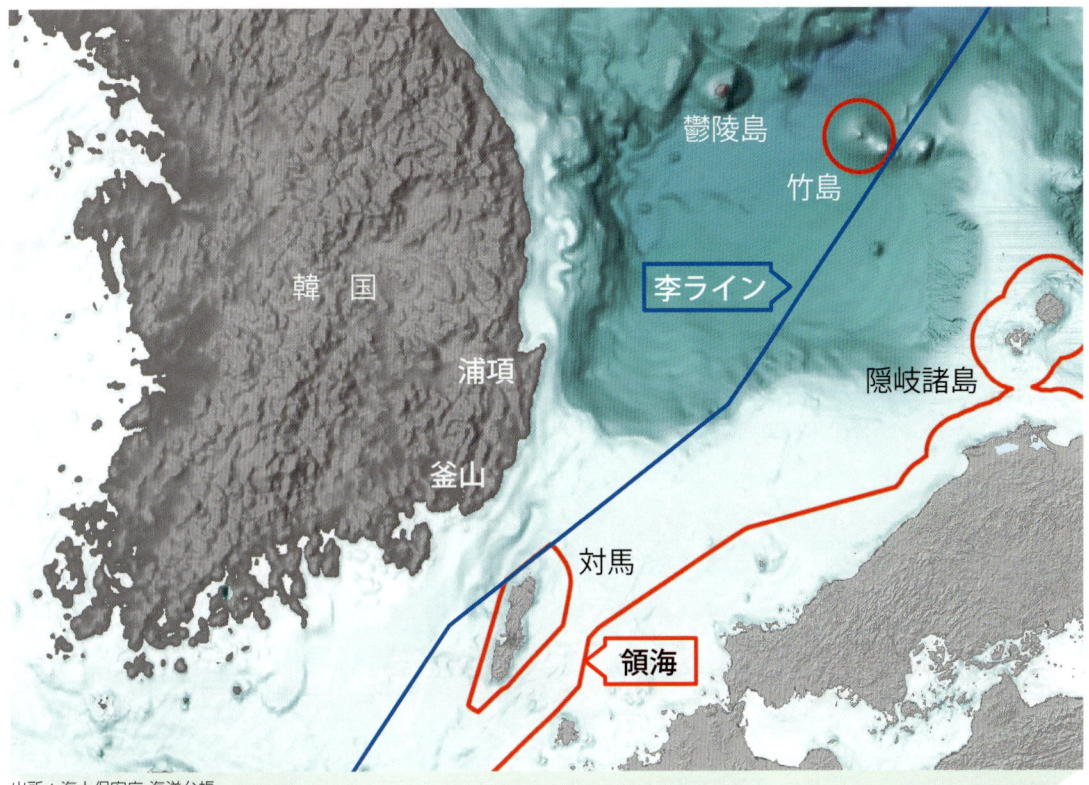

出所：海上保安庁 海洋台帳

竹島は2つの島からなる（左が西島、右が東島）
出所：http://dokdo-takeshima.jp/

東島（女島）韓国の建設した施設が見える
出所：http://dokdo-takeshima.jp/

韓国の施設
出所：http://dokdo-takeshima.jp/

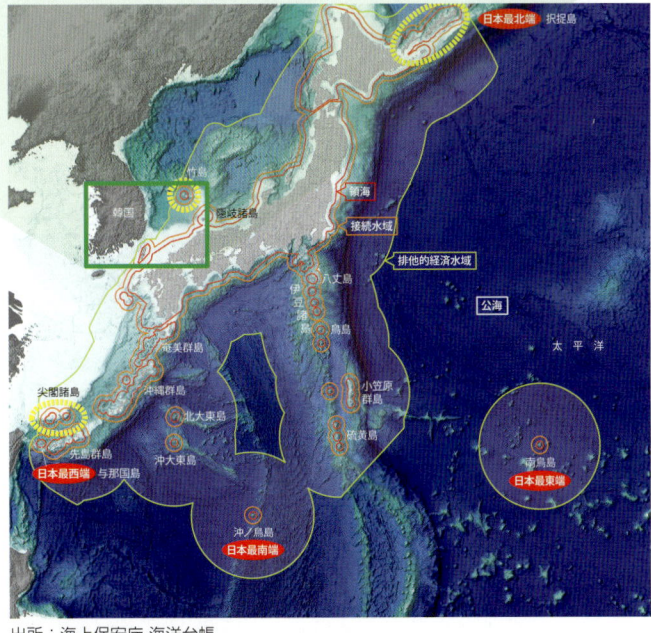

出所：海上保安庁 海洋台帳

竹島で行われていたアシカ猟
出所：島根県竹島資料室

島根県が竹島に立てた標柱
出所：島根県作成パンフレット「かえれ 島と海」

巻頭　日本の領土問題の「いま」　7

北方領土問題
ロシアとの平和条約締結はいつか?

　北海道の北東に位置する南千島の国後島・択捉島・歯舞群島・色丹島の4島がいわゆる北方領土で、第二次世界大戦後から現在まで、ロシア(ソ連)に実効支配されている。

　北方領土には古来、アイヌが生活していたが、江戸時代に北海道を支配した松前藩によって開拓された。また、数次にわたる北方探検によって、千島、樺太の領土画定が進んだ。江戸末期から明治期にはロシアとの間に数度条約が結ばれ、4島はもとより、千島列島、北緯50度以南の樺太までが日本の領土であった。

　しかし第二次世界大戦の終戦直前である1945年8月9日に、ソ連が日ソ中立条約を無視して参戦。終戦後の8月下旬から9月初旬にかけて、北方領土を占領した。ソ連の占領によって島民は退去を余儀なくされ、以後、現在に至るまでロシアに実効支配されることとなった。

　サンフランシスコ条約で日本は千島列島や南樺太の権利を放棄したが、ここに北方4島は含まれていない。日本は北方領土の返還について、

	主な出来事
1644年	**正保御国絵図**に国後島、択捉島の地名。
1875年	**樺太・千島交換条約**を締結。樺太全島を放棄する代わりに、千島列島(シュムシュ島から得撫島までの18島)をロシアから譲り受ける。
1905年	日露戦争終結時のポーツマス条約により、樺太南部をロシアから譲り受ける。
1945年8月〜9月	第二次世界大戦末期にソ連が北方領土を占領。以後、実行支配が続く。
1956年7月	**日ソ共同宣言調印**。平和条約締結後に、歯舞群島・色丹島を引き渡すことにソ連は同意。
1964年9月	一部地域で北方領土への墓参が実現。以後、中断を挟みながらもたびたび実施された。
1977年3月	日ソ漁業暫定協定の締結交渉が始まる。
1991年4月16日〜19日	ゴルバチョフ大統領、訪日。領土問題の存在を初めて文書で確認。
1993年10月	エリツィン大統領、訪日。東京宣言にて領土問題解決に向けた新たな交渉基盤が確立。
1998年11月	日口間の創造的パートナーシップに関するモスクワ宣言で、自由訪問が始まる。
2000年9月3日〜5日	プーチン大統領、訪日。領土問題解決による日口平和条約の締結交渉の継続を確認。
2009年7月	北方領土問題等解決促進特別措置法が改正され、四島交流、北方墓参、自由訪問が法律上明確に定義される。

日ソ共同宣言署名

北方領土への墓参(1989年8月　水晶島)

北方墓参(色丹島)

自由訪問(国後島)

四島交流(日本人の四島訪問)
以上5点の写真の出所;いずれも外務省パンフレット「われらの北方領土」

ロシアと幾度となく交渉してきた。1956年の日ソ共同宣言では、平和条約の締結後に歯舞群島と色丹島を引き渡すことに合意を得たが、今もって平和条約は結ばれていない。

2010年にメドベージェフ大統領がロシアの国家元首として北方領土に初上陸した際は日露関係が冷え込んだが、2014年2月の安倍首相とプーチン大統領の日露首脳会談では、平和条約の締結交渉を具体的に進めたい旨を確認した。

色丹島・穴潤湾
出所：内閣府北方対策本部パンフレット

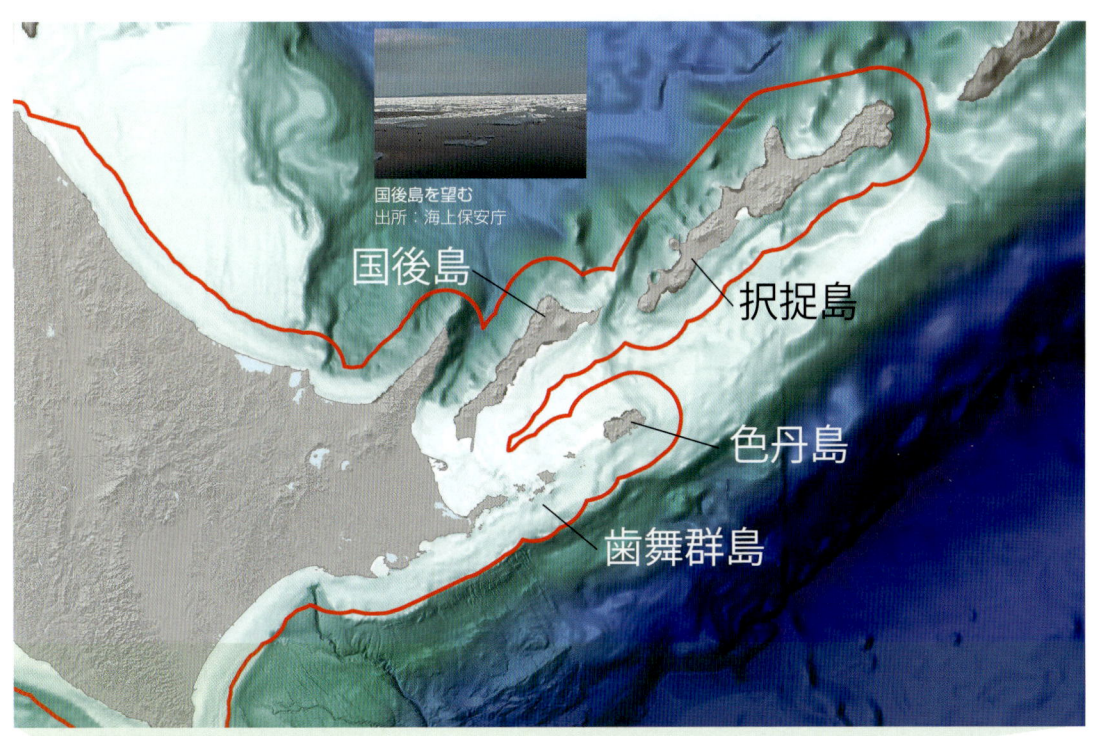

国後島を望む
出所：海上保安庁

国後島
択捉島
色丹島
歯舞群島

出所：海上保安庁 海洋台帳

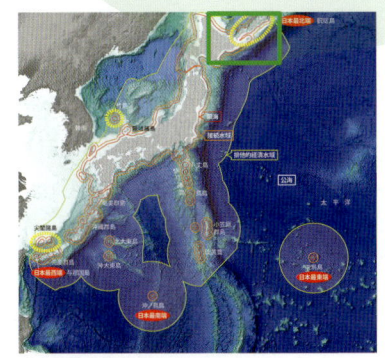

出所：海上保安庁 海洋台帳

戦前の色丹島斜古丹市街
出所：外務省パンフレット「われらの北方領土」

現在の色丹島斜古丹市街跡
出所：外務省パンフレット「われらの北方領土」

巻頭　日本の領土問題の「いま」　9

新しい領土
地形変動、外交手続きで広がる日本の領域

　海底火山の噴火などにより新しい島ができ、それが領海内であった場合、自動的にその国の領土となる。

　2013年11月、小笠原諸島の西之島より南南東約500メートルの海上に、直径約200メートルの新しい島ができていることが確認された。西之島では1973年にも海底火山の噴火があり「西之島新島」ができている。今回の新島は、現在も拡大を続け、西之島に結合したことが確認された。

　海底火山の噴火などで新しい島ができることは、それほど珍しいことではない。しかし、新しい島ができても数カ月程度でなくなってしまうケースもまた、珍しくない。今回の新島は水に強い溶岩が島の大部分を覆っているため、数年程度でなくなる心配はないといわれる。新しい島として日本の領土にできれば、そのぶん領海・領空も広がる。菅義偉官房長官も「領海が広がるとすればいいことだ」と発言。期待が広がっている。

　また、外交上の手続きによって、日本の排他的経済水域が広がった例もある。

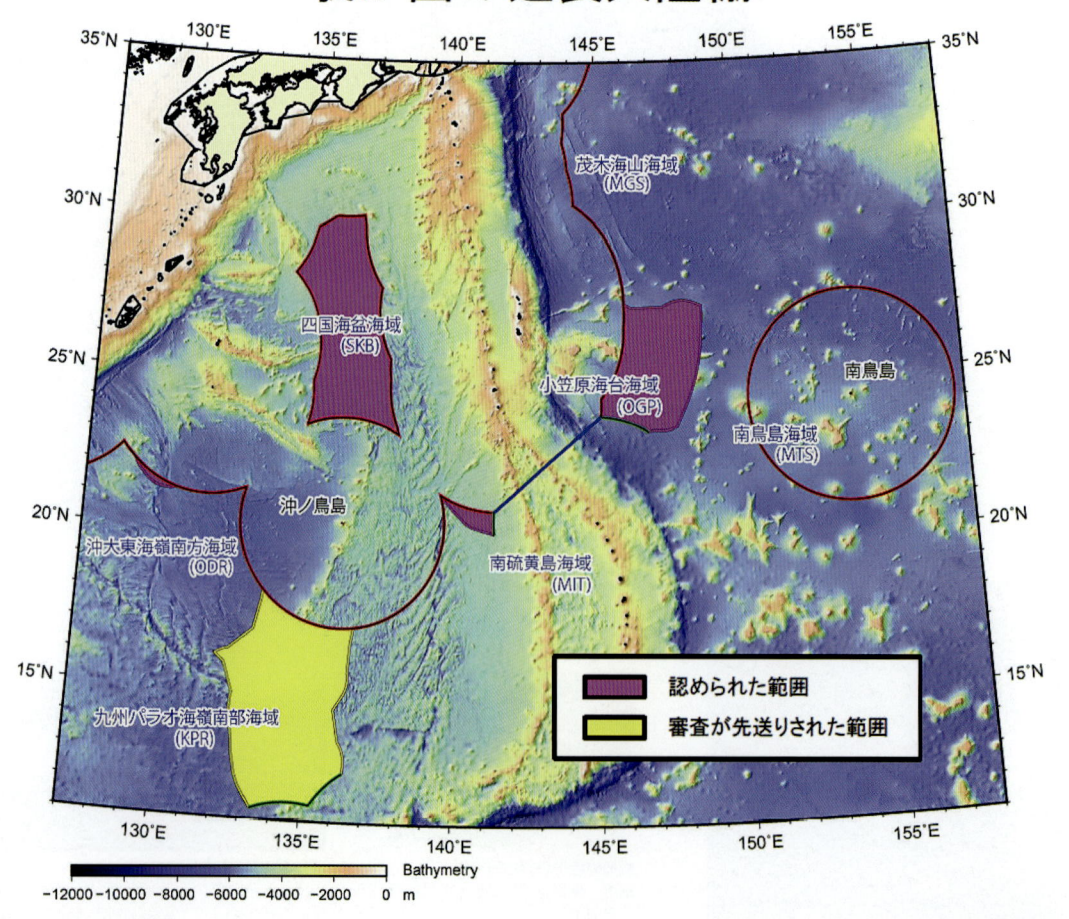

延長された日本の大陸棚　　　　　　　　　　　　出所：首相官邸資料

2008年11月、日本は南鳥島海域、四国海盆海域、小笠原海台海域、茂木海山海域、南硫黄島海域、沖大東海嶺南方海域、九州・パラオ海嶺南部海域の7海域に関して、大陸棚の延長申請を国連大陸棚限界委員会に提出した。

　その結果、国連大陸棚限界委員会は2012年4月に、南硫黄島海域の一部、四国海盆海域の大部分、小笠原海台海域の大部分、沖大東海嶺南方海域の一部を含めた海域を認める勧告を行った。南鳥島海域と茂木海山海域は認められず、沖ノ鳥島南方に広がる九州・パラオ海嶺南部海域については中国・韓国の反対によって勧告が見送られた。

　沖ノ鳥島が基点となった意義は大きく、これにより日本の海はおよそ478万平方キロメートルにまで拡大される。また、四国海盆海域が認められたことで、日本近海で日本が管轄権を有しなかった空白地帯が埋まった。大陸棚も31万平方キロ拡大したことは、安全保障上、意義が大きいといえる。その上、今回大陸棚として認められた小笠原海台海域、南硫黄海域などは、メタンハイドレートをはじめとする海底資源が豊富で、レアメタルを有する海底熱水鉱床などの存在も期待されているため、海底資源開発の希望も大きい。

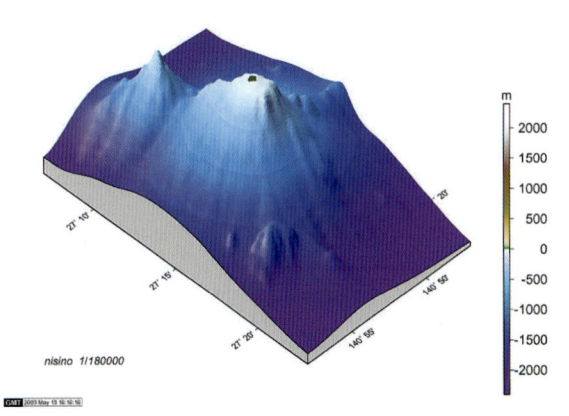

西之島の海底地形（鳥瞰図）
出所：海上保安庁海洋情報部 海域火山データベース

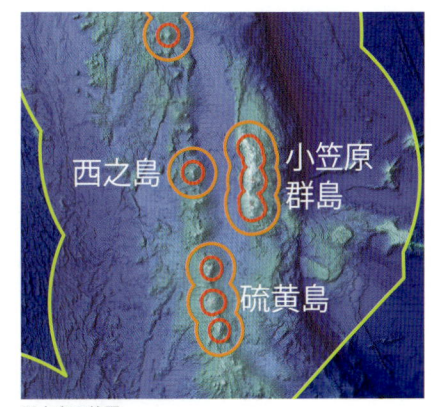

西之島の位置
出所：海上保安庁 海洋台帳

海底火山の噴火により「西之島新島」が誕生（1973年5月31日）。後に本島と一体化した。
出所：海上保安庁海洋情報部 海域火山データベース

新たな噴火の兆候を見せる西之島（2012年3月9日）。
出所：海上保安庁海洋情報部 海域火山データベース

西之島の南東沖で噴火活動。新島誕生（2013年11月20日）。
出所：海上保安庁海洋情報部 海域火山データベース

西之島と一体化し、噴火活動を続ける新島（2014年6月13日）。
出所：海上保安庁海洋情報部 海域火山データベース

はしがき

　日本が侵略されることはない、なんの防衛をしなくても、平和な国家からである、防衛を固めることは、かえって侵略を招くことになる。友好に共存すれば、侵略も、脅威も生じない。

　これが、平和国家日本の信条であった。

　日本には、懸案の解決すべき、防衛すべき領土問題はいまなおない。竹島を韓国が占領していても、それでよいのではないか。竹島は、韓国のものだから——民主党国会議員はそう断言する。そこを漁場とする島根の人は、別の道を考えたらよいのではないか。日本には、何の不便もないのだから……

　北朝鮮がミサイルを発射するのは、自国の防衛のために必要だからである。一民主党国会議員はそう明言した。

　尖閣諸島は日本領土である。そこに闖入するのは異常だが、その闖入者は返してあげるのが外交である。また闖入すれば、その返還を繰り返せば、友好が保持される。こういう民主党の中国外交は成立しない。米国は、日米安全保障条約の義務として、日本領土を守る、と明言した。民主党政権の日本の公式態度は、これとは違っていた。鳩山民主党首相は、沖縄軍事基地から米軍が引き揚げるので、もともと日本の領土は安全であるとしており、その安全約束はすでに中国に語ってきたことであるので、確かであるという。

　こうした日本の安全神話と領土問題はないという発想は、日本が島国国家であることに発している。そして、対外脅威は元寇の役で立証されたように、島国の条件が機能しているからであるとされてきた。

　こうした認識、理解、そして条件は、フランスの思想家ポール・ビリリオの速度術のキイ概念の登場で、一変した（土屋進訳『情報エネルギー化社会——現実空間の解体と速度が作り出す空間』新評論、2002年）。人間の知覚と行動が一変したのだ。現在、日本が安全であるという神話、領土問題はないという神話で、侵略・占領のない領土保全と国家の独立を維持することは難しい。旧来の現実空間はすでに解体しており、新たに速度が作り出す現実空間を確

認することが、生活・生存の基本となっている。

　発想の転換、そこからの現実の認識、そして神話に制約されない現実の把握が求められなくてはならない。このために、すべての事態の背景とその考察がなされなくてはならない。懸案の領土交渉も、その座標と交渉内容も転換をみなくてはならない。

　これが現時点で、われわれに理解が求められている視点と理解である。

　われわれは、日本の自立すべき姿を知らねばならない、自らの国土を守らねばならない。それは日本国家が存立する基礎であるからである。われわれは、自らの社会の領土を明確に学ぶことで理解を深めよう。

　すでに自由民主党安倍政権が成立し、現実認識と適切な政策が実践されている。領土問題の取り組みも、その方向にある。喜ばしいことである。日本にとって、現実的な目標を確認し、積極的に取り組んでほしい。これは、日本にとって緊急の課題だからである。

　としても、われわれの生活空間・国家世界は、日本風土の環境と歴史における所産であり、本書の題名を『地図と年表で見る日本の領土問題』とした。その歴史的背景と説明から、地図でみる現地感覚の認識と立論から、その課題に答えたというのが本書である。尖閣諸島、竹島および北方領土の問題解決については、発想の転換に立った提言を示しておいた。

　本書は、拙著『日本の国境［分析・資料・文献］』（543頁、2013年7月）の普及版として刊行された。詳細な分析は、同書を参照されれば、幸いである。

　本書の編集は、三和書籍編集部に負うところが大きい。この編集努力が理解の助けとなれば、われわれは大変に喜ばしい。

　本書が、日本国民の新しい理解に少しでも役立てば幸いである。

2014年7月

浦野　起央

地図と年表で見る日本の領土　目次

巻頭　日本の領土問題は「いま」

日本の領土・領海・領空
どこまでが日本の領域か？ ——— 2

尖閣諸島問題
海洋権益と資源を狙う中国 ——— 4

竹島問題
実効支配後、国際交渉に応じない韓国 ——— 6

北方領土問題
ロシアとの平和条約締結はいつか？ ——— 8

新しい領土
地形変動、外交手続きで広がる日本の領域 ——— 10

はじめに ——— 12

第1章　そもそも領土・領海・領空とは何か？

領土の定義と領土確認の原則
領土とは何か？　何がどうなれば「日本の領土」となるのか？ ——— 18

日本の領土認識①
大陸国家とは違う　日本の領土認識の仕方 ——— 20

日本の領土認識②
江戸時代の国絵図作成と幕末維新期の地図作成 ——— 22

領海、排他的経済水域の定義
海洋の国家領域を表す基準　それぞれにはどんな権利が発生するか ——— 24

日本の領海と排他的経済水域
日本は世界6位の海洋大国！　さまざまな施策と開発が行われている ——— 26

領空とは
日本の領空と領空侵犯 ——— 28

　日本の国境を形成する島々①　伊豆諸島 ——— 30

第2章　尖閣諸島問題　海洋の権益と資源を狙う中国

尖閣諸島問題を語るポイント
尖閣諸島問題の争点は何か、発端は何か？ ——— 32

尖閣諸島のプロフィール
尖閣諸島とは、どんな島々なのか？ ——— 34

尖閣諸島　紛争と外交交渉の歴史①
釣魚台論争と日本人の魚釣島上陸事件 ——— 36

尖閣諸島　紛争と外交交渉の歴史②
中国武装船侵入事件と日本政治結社による灯台建設 ——— 38

尖閣諸島　紛争と外交交渉の歴史③
第一次・第二次保釣運動 ——— 40

尖閣諸島　紛争と外交交渉の歴史④
尖閣諸島　中国船衝突事件 ——— 42

尖閣諸島　紛争と外交交渉の歴史⑤
尖閣諸島の日本国有化と中国の反発 ——— 44

尖閣諸島　紛争と外交交渉の歴史⑥
反日デモと中国船団の尖閣諸島海域侵犯 ——— 46

尖閣諸島　紛争と外交交渉の歴史⑦
台湾漁業権要求の解決と中国の行動封じ込め ——— 48

尖閣諸島　日中両国の論拠
尖閣諸島領有についての日中それぞれの言い分は？ ——— 50

さらなる中国の領有主張
沖縄トラフ、琉球諸島の領有をも主張する中国 ——— 52

尖閣問題、今後への提言
尖閣諸島の領有確立と東シナ海・南西諸島の安全確保のために ——— 54

　日本の国境を形成する島々②南西諸島 ——— 56

第3章　竹島問題　韓国の実効支配が続く

竹島問題を語るポイント
韓国が武力によって駐屯、実効支配されるに至った竹島 ——— 58

竹島領有紛争①
韓国の竹島囲い込みの経過 ——— 60

竹島領有紛争②
日韓基本条約成立後も解決しない竹島問題 ——— 62

竹島領有紛争③
李明博韓国大統領の竹島上陸事件と竹島放棄論 ——— 64

竹島領有の論拠
竹島領有についての日韓それぞれの言い分は？ ——— 66

韓国の対馬領有論①
竹島だけでなく対馬の領有も主張する韓国 ——— 68

韓国の対馬領有論②
第二次世界大戦後から始まった韓国の対馬領土要求 ——— 70

竹島問題、今後への提言
現実に支配されている竹島の領土主権を確立するために ——— 72

　日本の国境を形成する島々③　隠岐諸島 ——— 74

第4章　北方領土問題　ロシアからの返還は実現するか？

北方領土問題を語るポイント
第二次世界大戦末にソ連に占領された北方領土 ──── 76

北方領土のプロフィール
千島列島と南千島　江戸期に領土画定が進んだ南千島 ──── 78

北方領土　国内の諸論と外交交渉の歴史①
日ソ共同宣言にうたわれた2島引き渡し
返還しないロシアと4島返還を求める日本 ──── 80

北方領土　紛争と外交交渉の歴史②
建前論から現実路線まで　さまざまな返還論 ──── 82

北方領土　国内の諸論と外交交渉の歴史③
北方領土返還運動と北方交流 ──── 84

北方領土　国内の諸論と外交交渉の歴史④
事態の打開に向けた返還論はあるか ──── 86

北方領土をめぐる世論
北海道の地元民には早期解決を求める声が多い ──── 88

ロシア住民の世論と日本返還論
平和条約には賛成、しかし北方領土返還には反対が多数派 ──── 90

北方領土に対する欧州の見解
米国のみならず欧州議会も日本への北方領土返還を支持 ──── 92

北方領土問題、今後への提言
成熟した外交姿勢で解決を見いだす必要がある ──── 94

　　日本の国境を形成する島々④小笠原諸島 ──── 96

第5章　日本の国境防衛

島国日本と領海防衛
外敵の侵略に備えるという防衛思想がなかった日本 ──── 98

海峡防衛の必要性
世界戦略上も重要な宗谷・津軽・対馬の3海峡 ──── 100

東シナ海の防衛
中国の東シナ海進出と日米の防衛措置 ──── 102

西南防衛計画
尖閣諸島と同様、防衛空白地帯となっている与那国島 ──── 104

領空の防衛と領空侵犯
ソ連機に悩まされた1980年代　近年は中国機に対するスクランブルが増加 ──── 106

北朝鮮ミサイルの脅威
北朝鮮の続ける弾道ミサイル発射実験
米国に頼らざるを得ない日本の警戒態勢 ──── 108

　　日本の国境を形成する島々⑤硫黄島・南鳥島・沖ノ鳥島 ──── 110

編集協力　畠山憲一（有限会社ノマディック）

第 1 章

そもそも領土・領海・領空とは何か？

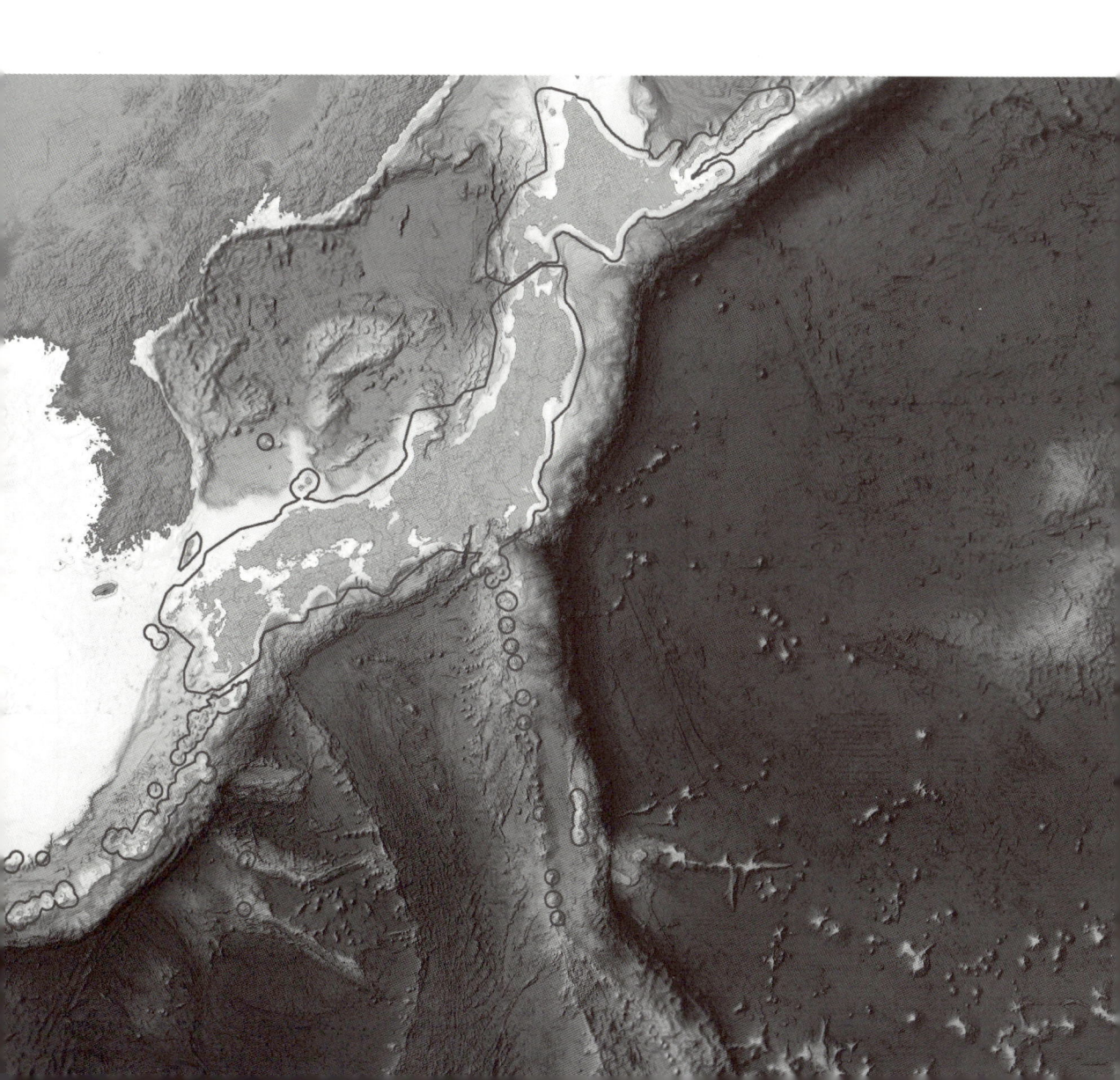

領土・領海・領空とは？

領土の定義と領土確認の原則

領土とは何か？
何がどうなれば「日本領土」となるのか？

> 国の領域には、領土・領海・領空がある。ある土地が日本の領土だと確認するためには、古来より日本人が生活していた事実や、他国・他国人との交渉によって日本の支配を確認することが必要だ。住民のいない土地でも、海洋資源が注目され重要性を増している。

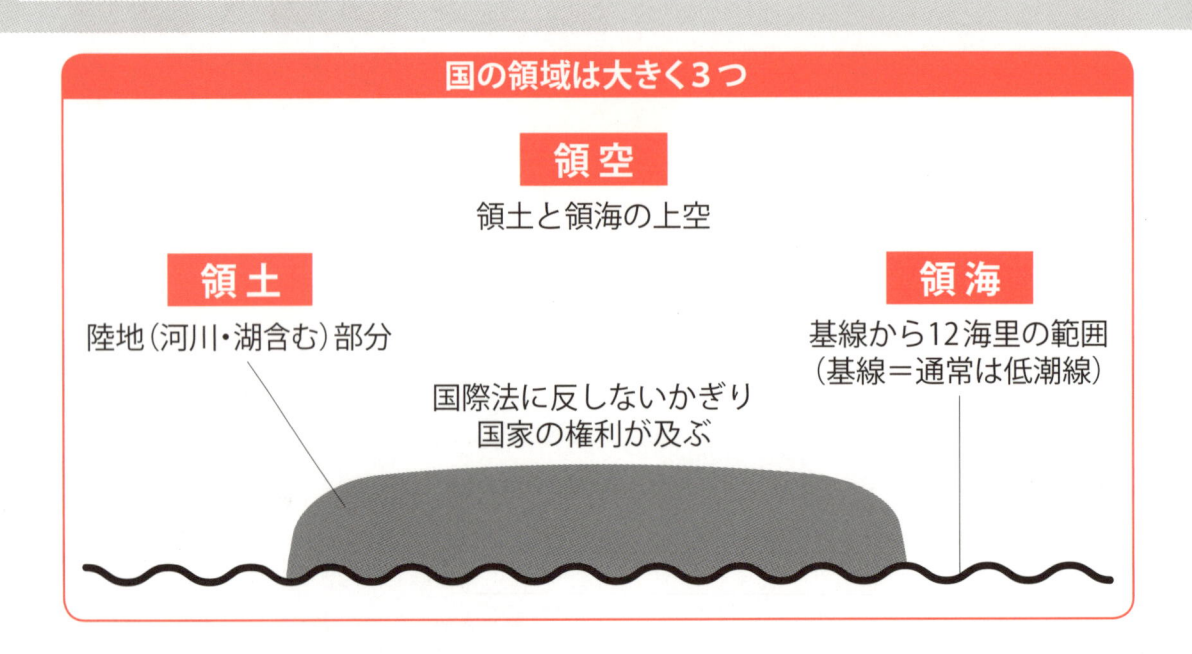

国の領域は大きく3つ

領空
領土と領海の上空

領土
陸地（河川・湖含む）部分
国際法に反しないかぎり国家の権利が及ぶ

領海
基線から12海里の範囲
（基線＝通常は低潮線）

　国の領域には、領土・領海・領空がある。**領土**は、国家の陸地の部分である。河川や湖沼、島なども領土に含まれる。**領海**は国家の領土の基線部分から12海里の範囲の水域を表す。**領空**は領土と領海の上部に広がる空間のことを指している。ただし、宇宙はどの国家にも属さないとされている。

　ある土地がどの国に属するかによって、各国の領土だけでなく領海・領空の範囲も大きく変わる。また、噴火などによって新しい島ができたり、海や川が島を浸食することによっても、領土の増減は繰り返される。

　かつて帝国主義下のヨーロッパ諸国は、先住民が既に居住している地域でも無主地であれば**先占の法理**によって領土に編入してきた。しかし、第二次世界大戦後、それは不法と批判されており、もはや成立しない。

　ある土地が日本の領土だと確認する方法には、以下の3つのパターンがある。

（1）古来から日本人が住んでいる土地であることを確認する方法

（2）住んでいる外国人に交渉して日本の領土を確認する方法（例：小笠原諸島）

（3）支配している外国と交渉して日本の領土を確認する方法（例：琉球諸島）

　領土には、人々が居住していないところや、途中で居住しなくなったところもある。そうしたところでも、近年になって海底に資源が埋まっていることが見つかって注目されることもあり、多様な価値を示している。

日本の領土と領海

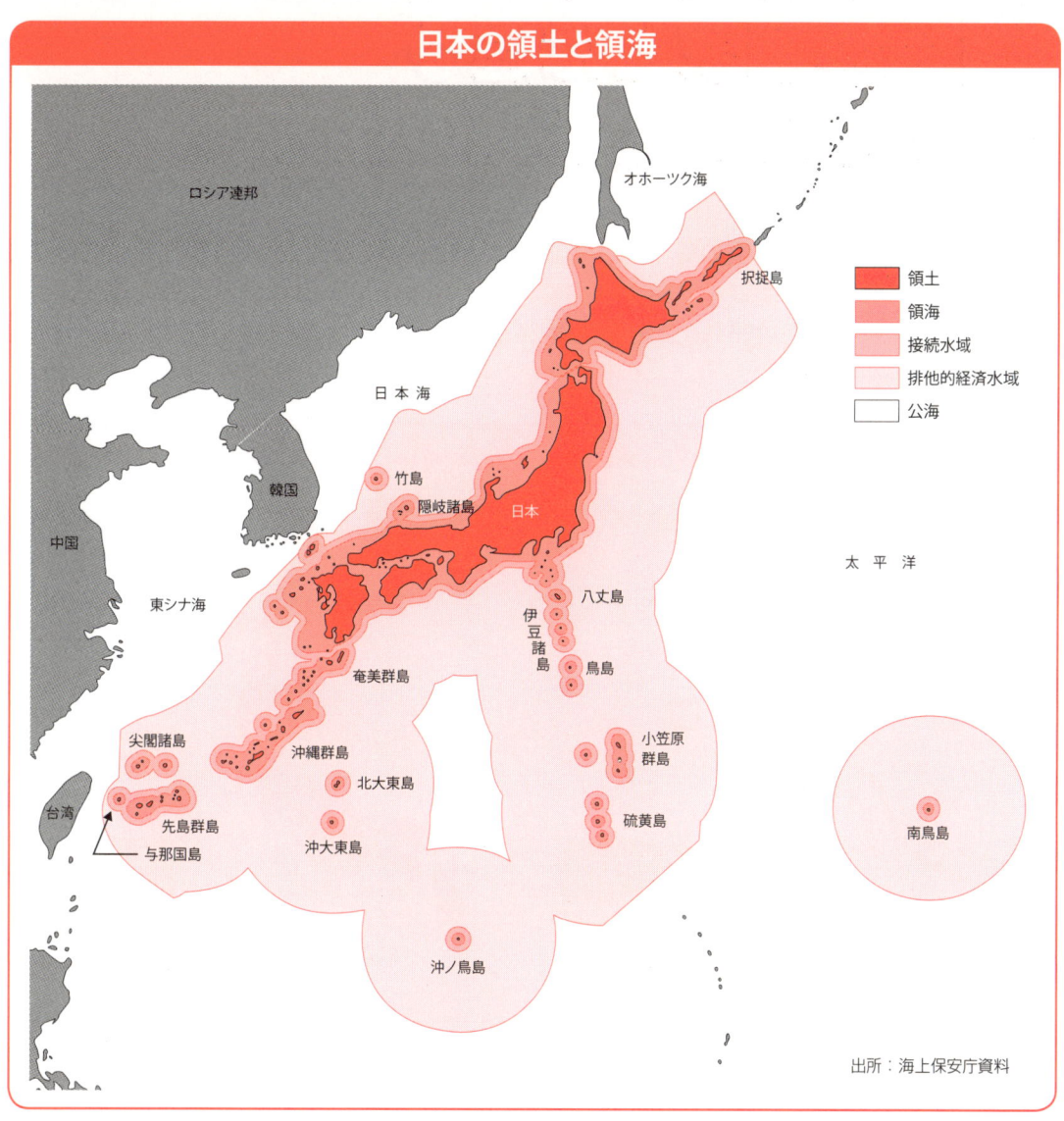

凡例:
- 領土
- 領海
- 接続水域
- 排他的経済水域
- 公海

地名ラベル: ロシア連邦、オホーツク海、択捉島、日本海、竹島、隠岐諸島、日本、韓国、中国、東シナ海、八丈島、伊豆諸島、鳥島、太平洋、奄美群島、小笠原群島、尖閣諸島、沖縄群島、北大東島、硫黄島、台湾、先島群島、与那国島、沖大東島、南鳥島、沖ノ鳥島

出所：海上保安庁資料

日本の領土だと確認する方法

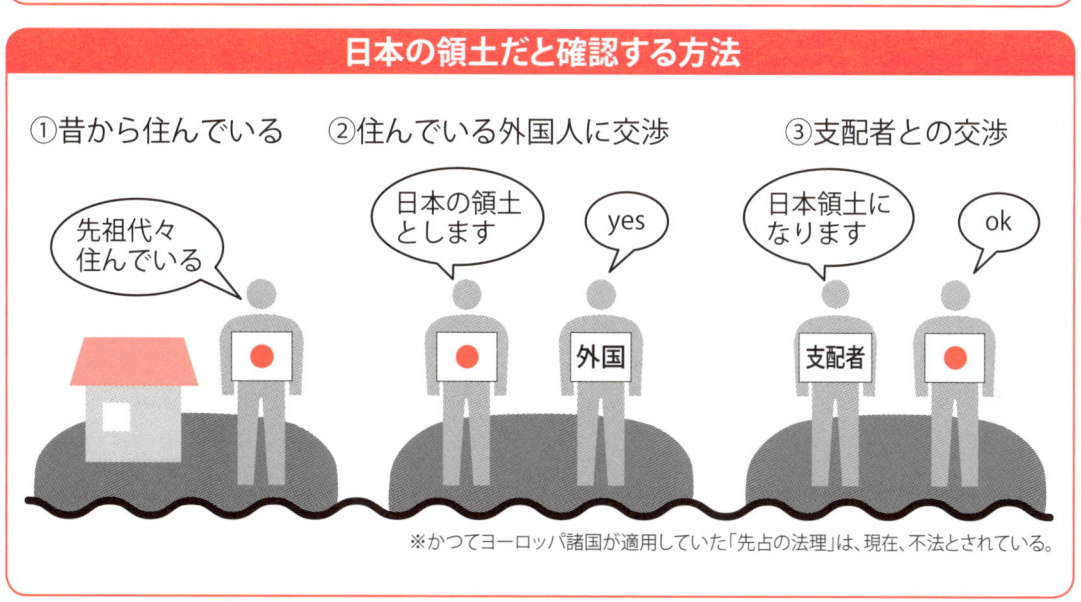

①昔から住んでいる
「先祖代々住んでいる」

②住んでいる外国人に交渉
「日本の領土とします」 — 「yes」
（日本 ↔ 外国）

③支配者との交渉
「日本領土になります」 — 「ok」
（支配者 ↔ 日本）

※かつてヨーロッパ諸国が適用していた「先占の法理」は、現在、不法とされている。

第1章　そもそも領土・領海・領空とは何か？

領土・領海・領空とは？

日本の領土認識①
大陸国家とは違う日本の領土認識の仕方

他国と陸続きになっている国の場合は、建造物などで国境の線引きが必要だが、日本のような海洋国家の場合は、国境を意識する必要性がなかった。そのため、境界、国境の区別があいまいで、対外的脅威からの防衛認識も不足している。

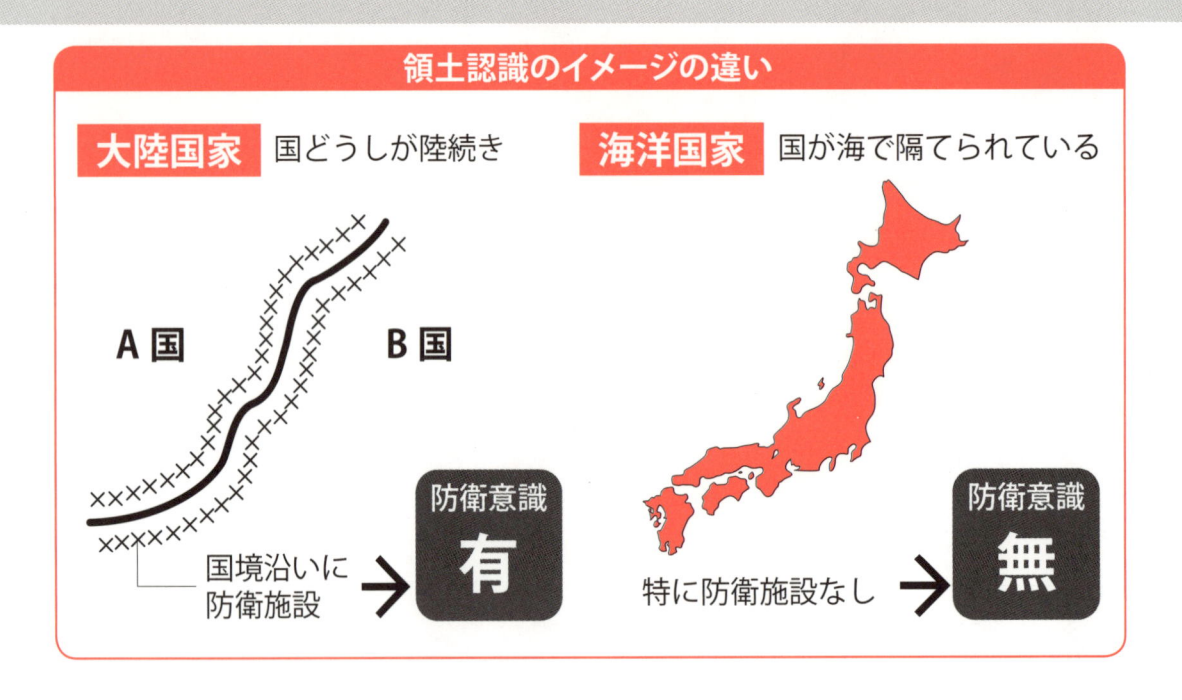

領土認識のイメージの違い

大陸国家 国どうしが陸続き

A国　B国
国境沿いに防衛施設 → 防衛意識 **有**

海洋国家 国が海で隔てられている

特に防衛施設なし → 防衛意識 **無**

　他国と陸続きになっている大陸世界では、中国の万里の長城のような国と国を隔てるための防衛施設が早くから建設されていた。対して、日本のような**海洋国家**には、そのような発想と実態がなかった。古代日本においては、明確な国境の概念は生まれなかった。

　日本に政治的な**境界**の認識が生まれたのは、律令政治のころである。このころ化内と化外（律令政治の範囲内と範囲外）を区別するという考え方が登場している。中世になると、日本の支配階級の世界観は〈淨―穢〉（清いものと、けがれたもの）を基準にした同心円的な境界認識に変容していった。そして、江戸時代に幕藩体制が成立すると、境界・国境概念は極めて現実的なものに転換し、北海道を除くほとんどの地域を把握するようになった。

　日本の**国境認識**は、対外防衛の必要に迫られることによって形成されたといえる。島国である日本では、予め外的脅威に備えるという意識に欠けていた。海で他国と隔てられている日本特有の安心感と領土認識が、情緒的または非合理的に流れている。庭園などに見られる**借景**のように、見渡せる範囲は我がものとする認識パターンである。そのような認識のもとでは、実効的支配になくても（たとえ外国の管理下にあっても）領土問題はないという矛盾した認識が存在するところとなる。

弥生時代〜古墳時代

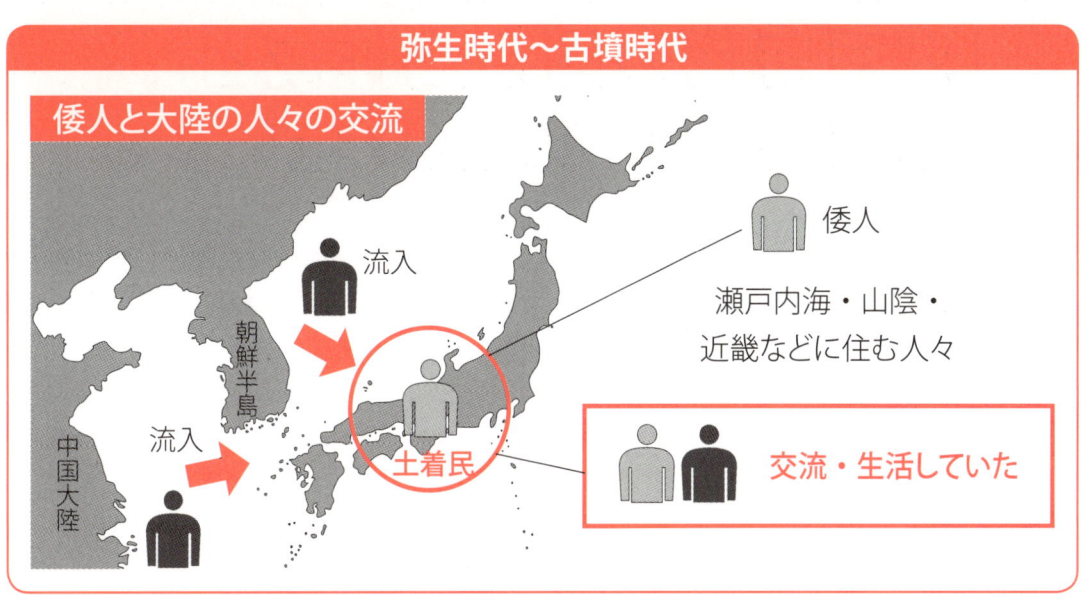

倭人と大陸の人々の交流

中国大陸 → 流入
朝鮮半島 → 流入
土着民

倭人：瀬戸内海・山陰・近畿などに住む人々

交流・生活していた

国境の認識ができるまで

律令国家（700年ごろ） 化内と化外

王：ここまでは統治できる
化内 / 化外

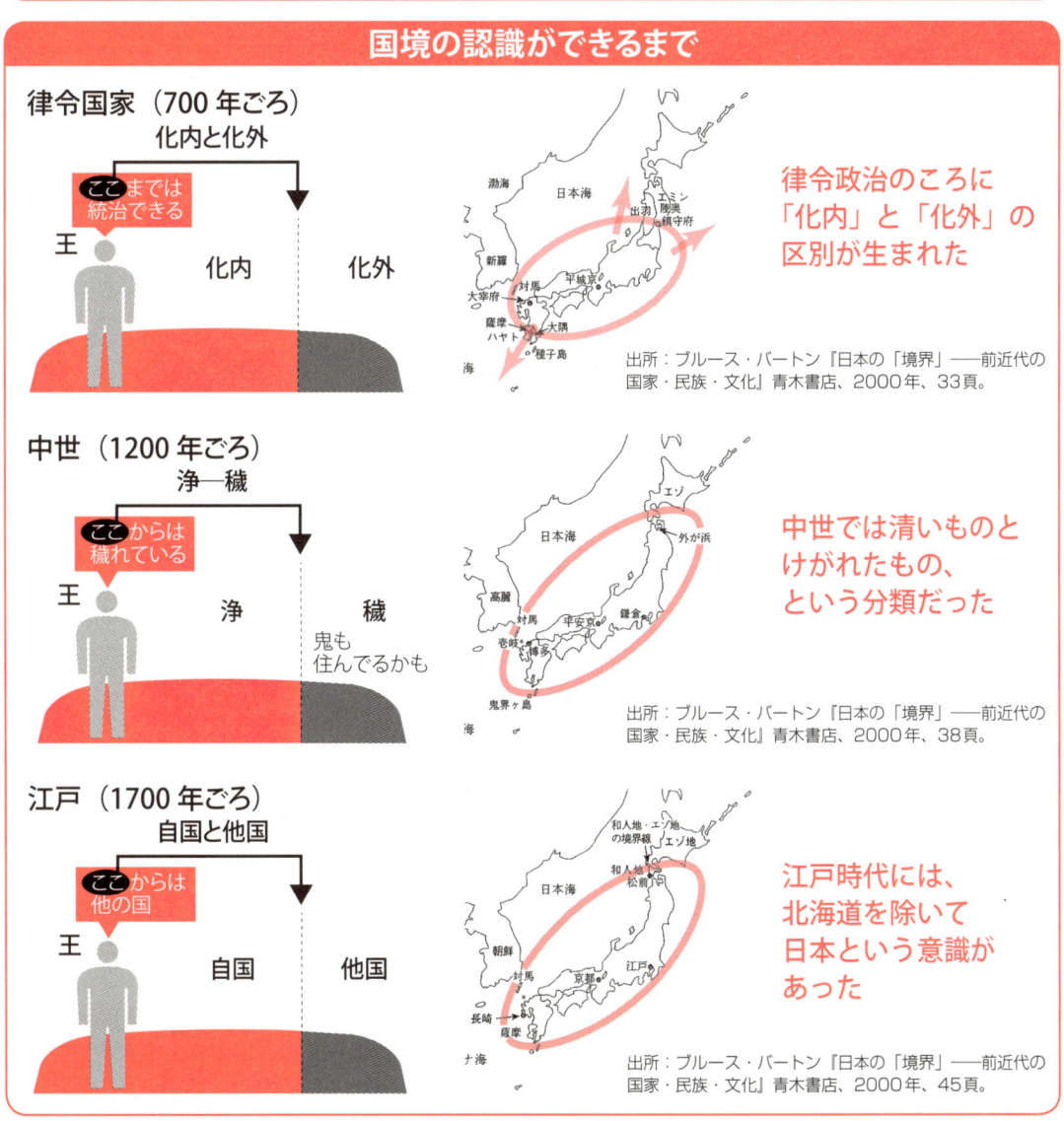

律令政治のころに「化内」と「化外」の区別が生まれた

出所：ブルース・バートン『日本の「境界」——前近代の国家・民族・文化』青木書店、2000年、33頁。

中世（1200年ごろ） 浄—穢

王：ここからは穢れている
浄 / 穢（鬼も住んでるかも）

中世では清いものとけがれたもの、という分類だった

出所：ブルース・バートン『日本の「境界」——前近代の国家・民族・文化』青木書店、2000年、38頁。

江戸（1700年ごろ） 自国と他国

王：ここからは他の国
自国 / 他国

江戸時代には、北海道を除いて日本という意識があった

出所：ブルース・バートン『日本の「境界」——前近代の国家・民族・文化』青木書店、2000年、45頁。

第1章 そもそも領土・領海・領空とは何か？

領土・領海領空とは？

日本の領土認識②

江戸時代の国絵図作成と幕末維新期の地図作成

江戸時代には、慶長・正保・元禄・天保の4度にわたって国の地図を作成している。これは日本の境界を確認したものである。年代が進むにつれ、琉球（沖縄）や蝦夷地（北海道）なども認識されて、地図に入れられた。

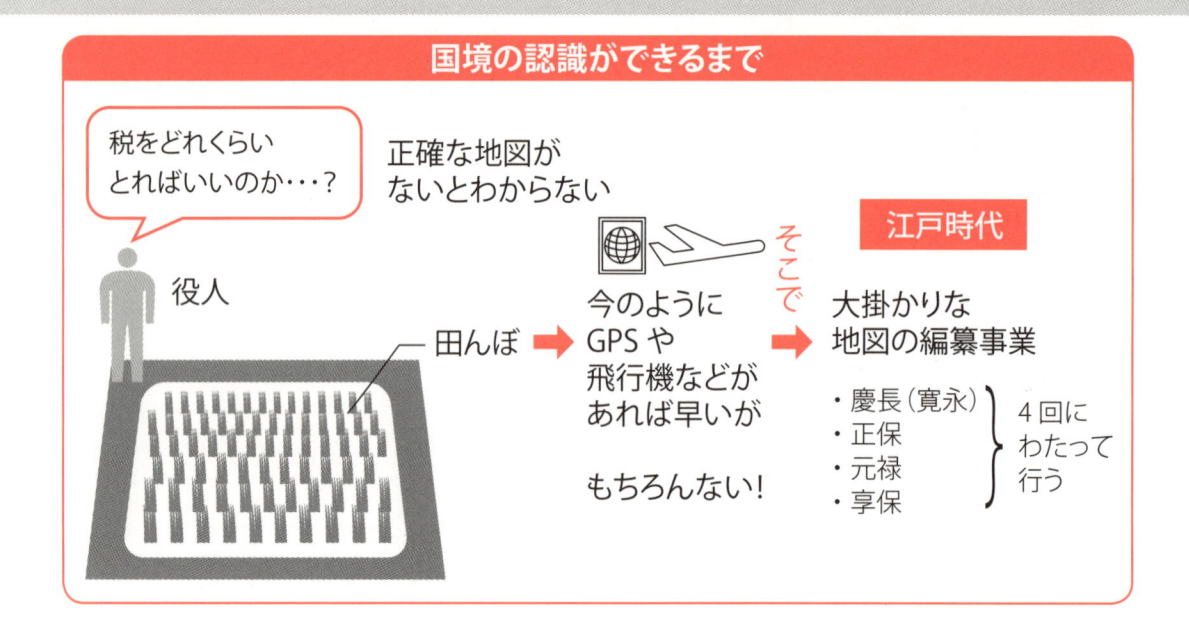

国境の認識ができるまで

役人「税をどれくらいとればいいのか…？」田んぼ

正確な地図がないとわからない

→ 今のようにGPSや飛行機などがあれば早いが もちろんない！

そこで →

江戸時代
大掛かりな地図の編纂事業
・慶長（寛永）
・正保
・元禄
・享保
} 4回にわたって行う

江戸幕府は、組織的事業として国の地図を作製した。これは、**日本の境界**を確認したものとも考えられる。

寛永日本図には外が浜（鬼界ヶ島）までが記されている。これは近代初期までの日本の境界を示したものだと考えられる。また、正保日本図と元禄日本図には蝦夷地や琉球が記されている。これらは接触・同化・交易を通じて日本国に組み込まれていった。

さらに幕末・維新期には、北方探検が行われ、千島列島・樺太を含む北辺地図が作られた。

江戸時代の4つの日本図

❖ **寛永日本図**　北は津軽海峡・下北半島まで、南は種子島・屋久島までが入っていて、蝦夷地及び琉球は含まれていない。
❖ **正保日本図**　蝦夷地が書き込まれ、薩摩藩が琉球調査を行い、琉球・八重山島・大島の3張がある。
❖ **元禄日本図**　「皇國遠海里程全圖」蝦夷地および琉球の3張を含み、朝鮮の和館に至る船道まで描かれている。
❖ **享保日本図**　対馬・朝鮮図はあるが、琉球は除かれている。それは、課題となった海上の距離につき、琉球に問い合わせて、回答があったものの、確認できなかったからであった。伊豆の地図でも、大島から利島・新島・神津島・御蔵島・八丈島・新島までの距離が不明で、省略されている。

江戸〜幕末維新期の地図

幕府撰元禄日本図、元禄15年（北東＝松前及び南西＝琉球部分図）
出所：中村拓『日本古地図大成』講談社、1972年、42-43頁の部分。

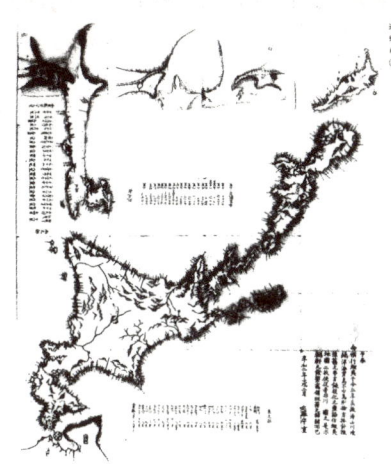

近藤重成「蝦夷地圖式 乾」1802年
出所：谷川健一編『北の民俗誌——サハリン・千島の民俗』日本民俗文化資料第23巻、三一書房、1997年。

近藤重蔵「今所考定分界之圖」1804年
出所：谷川健一編『北の民俗誌——サハリン・千島の民俗』日本民俗文化資料第23巻、三一書房、1997年。

幕府撰正保日本図、明歴元禄元年（南西＝薩摩・種子島・屋久島・琉球部分図）
出所：中村拓『日本古地図大成』講談社、1972年、39頁の部分。

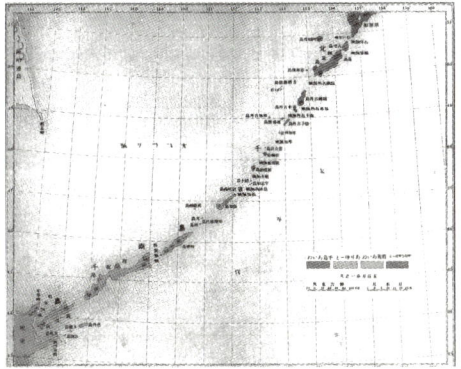

鳥居龍蔵「千島諸島」
出所：鳥居龍蔵『千島アイヌ』吉川弘文館、1903年、原図は各種族分布図。

第1章　そもそも領土・領海・領空とは何か？

領土・領海・領空とは？	領海、排他的経済水域の定義

海洋の国家領域を表す基準
それぞれにはどんな権利が発生するか

海洋の国家領域を表す基準には、距離の短い順に領海、接続水域、排他的経済水域がある。それぞれの領域内で、認められている権利の内容が異なっている。海は日本の発展の根源で、生活の場でもある。

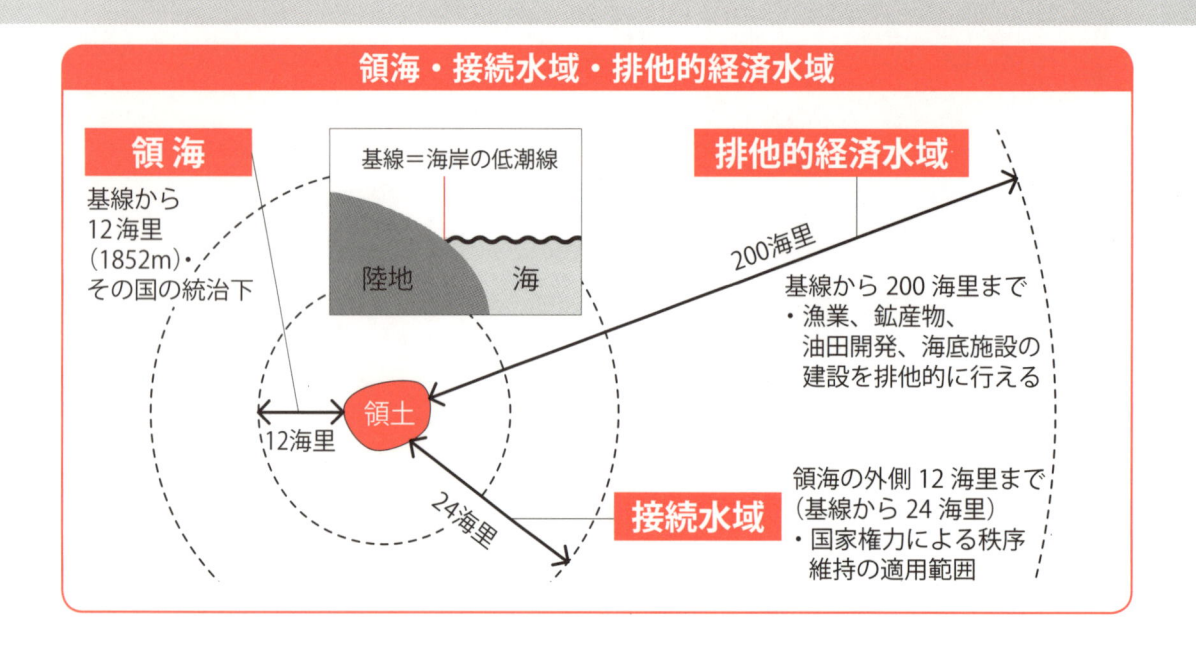

領海・接続水域・排他的経済水域

領海
基線から
12海里
(1852m)・
その国の統治下

基線＝海岸の低潮線
陸地　海

排他的経済水域
200海里
基線から200海里まで
・漁業、鉱産物、
油田開発、海底施設の
建設を排他的に行える

接続水域
領海の外側12海里まで
(基線から24海里)
・国家権力による秩序
維持の適用範囲

12海里
24海里
領土

　海洋は、地球の全表面積5億995万km²のうち、70.8％にあたる3億6106万km²を占める。面積は陸地の24倍、体積は10倍あまりになる。
　領海は、領土の**基線**である海岸の低潮線から12海里（1852m）までを指す。ただし、日本の場合、宗谷海峡、津軽海峡、対馬海峡東水道、対馬海峡西水道、大隅海峡については、領海法で3海里を領海として認めている。
　領海内は、国の統治権下にあるものの、外国に対して、無害航行権（潜水せず、漁労せずに通航する権利）が認められている。
　そして、領海の外側12海里（基線から24海里）までを**接続水域**という。ここは国家権力による秩序維持の適用地域である。
　さらに、基線から200海里までが**排他的経済水域**（EEZ）とされる。沿岸国はこの内側で漁業、鉱産物・油田開発、海底施設の建設を排他的に行うことができる。外国は、通航、上空飛行、海底電線・パイプラインの敷設ができる。
　大陸の縁辺部に広範囲に広がる**大陸棚**での**海洋資源**の開発が進んでいるが、これは各国にとって至上の課題であり、国際社会は海洋戦争に突入している。
　海洋の権利について、1965年の日韓漁業協定の締結時には、**大陸棚自然延長論**が広く主張されていた。しかし現在では、排他的経済水域の重複する地域については、中間線を優先する**等距離・中間線の原則**が主流となってきており、日本は、その方向で中国や韓国の大陸棚自然延長論に対抗している。

国際的な海洋規定の設定

	主な出来事
1958年	第1次海洋法会議で大陸棚に関する条約が採択された。
1982年	第3次海洋法会議で沿岸国の主権的権利が200海里まで認められる。
1994年	第3次海洋法会議で作成された国連海洋法条約が発効した。
1996年	国連海洋法条約を日本が批准した。

- 大陸棚での資源開発が進む
- 大陸棚が200海里の外にのびている場合は、海底だけ大陸棚制度が適用
- 資源の管理や海洋汚染防止の義務を負った

海を生活に役立てる取り組み

鉱物資源利用 — 石油やレアメタルなどを採掘する

干拓 — 海を埋め立てて空港などを建設する

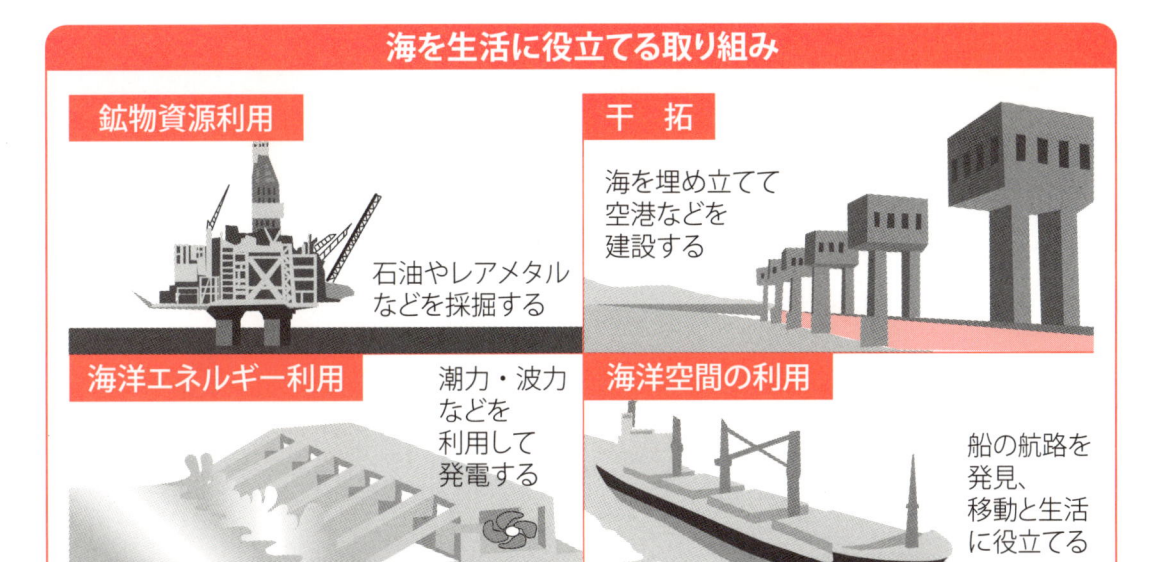

海洋エネルギー利用 — 潮力・波力などを利用して発電する

海洋空間の利用 — 船の航路を発見、移動と生活に役立てる

大陸棚自然延長論と中間線の原則

大陸棚自然延長論 大陸棚が自然に延長していれば350海里まで主張できる

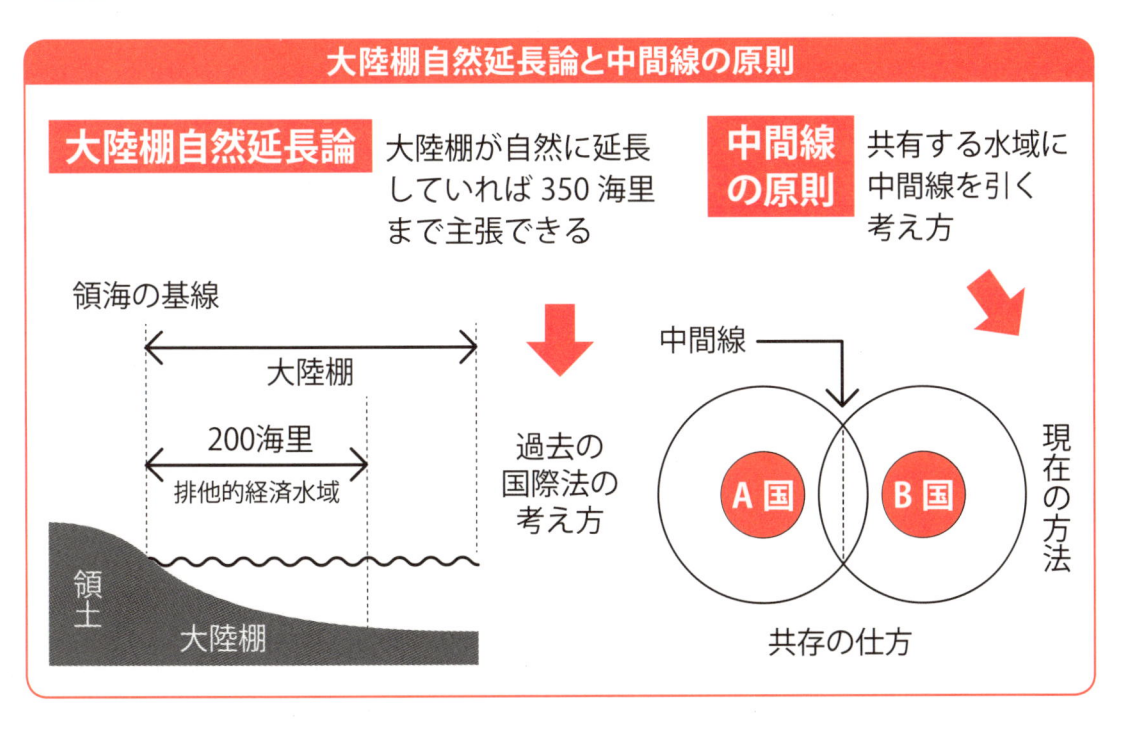

→ 過去の国際法の考え方

領海の基線／大陸棚／200海里 排他的経済水域／領土／大陸棚

中間線の原則 共有する水域に中間線を引く考え方

→ 現在の方法

中間線　A国　B国

共存の仕方

第1章　そもそも領土・領海・領空とは何か？

領土・領海・領空とは？

日本の領海と排他的経済水域

日本は世界6位の海洋大国！
さまざまな施策と開発が行われている

日本は国土の約11倍もの領海をもつ海洋国家である。海底資源を守るためにも安全保障面でも、この領域を主張するのは重要だ。日本政府は近年、海洋基本法を制定するとともに、総合海洋政策本部を設置し、海洋計画の策定と積極的な施策に取り組む。

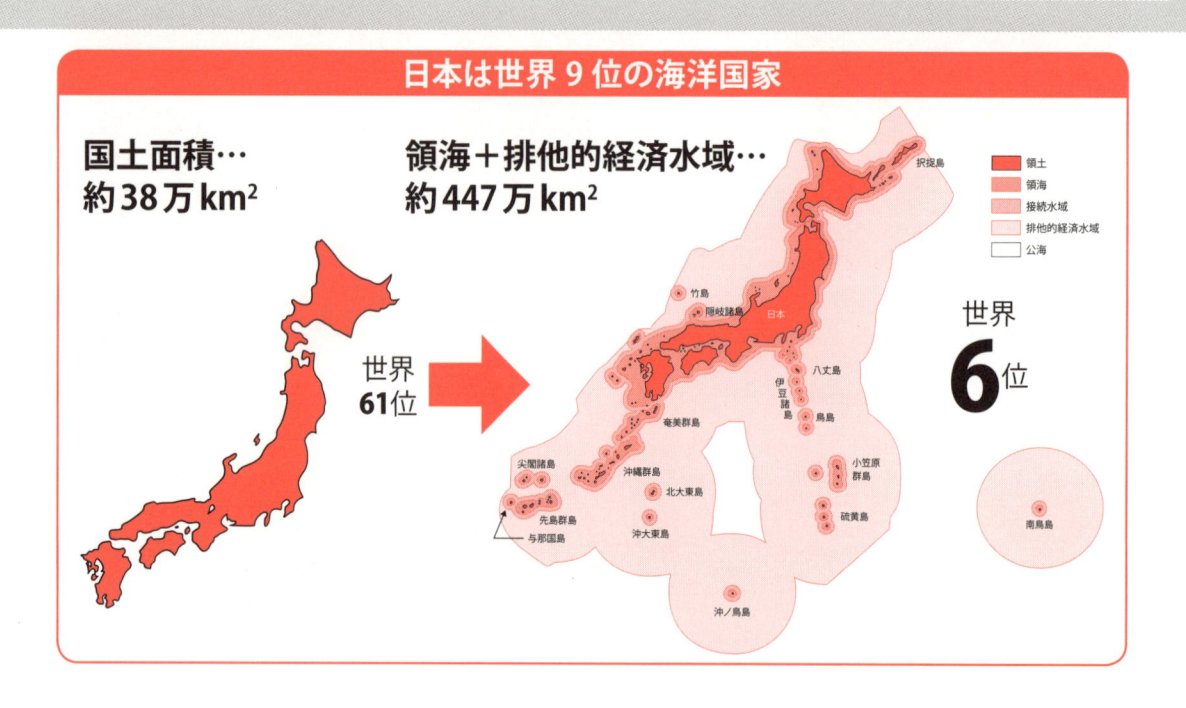

日本は世界9位の海洋国家

国土面積… 約38万km²　世界61位

領海+排他的経済水域… 約447万km²　世界6位

凡例：領土／領海／接続水域／排他的経済水域／公海

日本の領土面積は約38万km²で世界第61位だが、領海及び排他的経済水域の面積は約447万9358km²に達し、世界第6位である。日本は**海洋支配の大国**であるといえる。現在、新たな海底分割戦争に突入している。

日本は、四方を海に囲まれた海洋国家であり、石油などのエネルギー資源を輸入し、そのほぼすべてを海上輸送に依存している。その一方、国土面積が小さく、天然資源に乏しい島国では、海洋の生物資源や周辺海域の大陸棚・深海海底に堆積する海底資源は、経済的な生存と安全保障の観点から重要である。

第二次世界大戦後、海洋法は法典化の取組みが進み、国連海洋法条約の秩序が確立した。日本も、そのための法的枠組みを制定している。

日本は2007年4月に**海洋基本法**を制定し、あわせて**総合海洋政策本部**を設置した。そして、**海洋計画**（5年計画。2008年、2013年閣議決定）では、主要産業の振興と国際競争力の強化が打ち出され日本最東端の南鳥島と最南端の沖ノ鳥島への輸送・補給が可能な活動拠点の整備、最西南端の与那国島への陸上自衛隊の沿岸監視部隊配置、航空自衛隊の移動警戒管制レーダーの展開、早期警戒機E2Cの継続的運用といった離島保全計画も導入されている。

2012年3月には排他的経済水域の外縁を設定するところの離島39島の名称を決定し、さらに追加の決定を行っている。

日本の主な海洋開発

	主な出来事
1869年	新潟尼ケ崎海底油田で初の採掘。
1906年	松島探鉱、海底採炭開始。
1929年	世界初の深海作業船西村式豆潜水艇第1号完成。
1932年	日本海全面海洋調査。
1940年	日本海洋学会発足。
1946年	青函海底トンネル調査開始。
1950年	マリアナ海溝でチャレンジャー海淵（10915メートル）確認。
1958年	潜水調査船鯨号竣工。
1977年5月	米国・ソ連などが**200海里**の**漁業専管水域**を実施し、漁業水域が一般化。 領海および接続水域、漁業水域に関する暫定措置法公布、7月施行。
1980年5月	日韓大陸棚石油試掘開始。
1983年2月	**国連海洋法条約**調印。
1987年2月	海洋観測衛星MISI打ち上げ成功、もも1号と命名。
1989年4月	海洋科学技術センター、6000メートル級潜水調査船しんかい6500、初の深航試験。
2002年8月	海洋開発審議会科学技術・学術審議会「長期的展望に立つ海洋開発の基本的構想及び推進方策について」答申。
2005年4月	アジア海賊対策地域協力協定を締結。9月発効。
2007年4月20日	**海洋基本法**を制定。総合海洋政策本部が内閣官房に設置。
2008年	**海洋計画**（5年計画）の閣議決定。
2012年3月	排他的経済水域の外縁を設定するところの離島39島の名称を決定。
2013年	新海洋基本計画。
2018年	**メタンハイドレード**の採掘の商業化が予定されている。

- 『21世紀初頭の日本における海洋政策』で、「海洋政策は、海洋保全、海洋利用、及び未知の領域への挑戦としての海洋研究にある」と提起された
- マラッカ海峡をはじめとするアジア地域の海上安全確保のための情報共有センターをシンガポールに設立
- 7月に施行され、総合海洋政策本部を設置。海に関わるさまざまな問題に対処する
- 南鳥島と沖ノ鳥島への輸送可能な活動拠点の整備、エネルギー確保の海洋産業開発に加え、自衛隊の離党保全計画も導入

海洋基本計画の論点

論点	海洋基本計画2013年	海洋計画基本計画（2008年）
現状分析	外国漁船の違法操業の頻発、新たな地域での海洋調査の必要性	密輸・密入国の激増、工作船の侵犯、周辺国海軍艦艇の活動の活発化
海洋の安全確保	海上保安庁・自衛隊の配備・体制の整備	
離島の保全	与那国島の陸上自衛隊配備	
海洋資源開発	レアアースの資源調査	メタンハイドレードの開発 レアアースの開発

領土・領海・領空とは？

領空とは？
日本の領空と領空侵犯

領土・領海（領水）の上空が領空である。第一次世界大戦期に領土や領海と同様にその定義が承認された。他国の航行自体は問題ない領海と違い、領空に他国が立ち入ると領空侵犯とされて対処される。

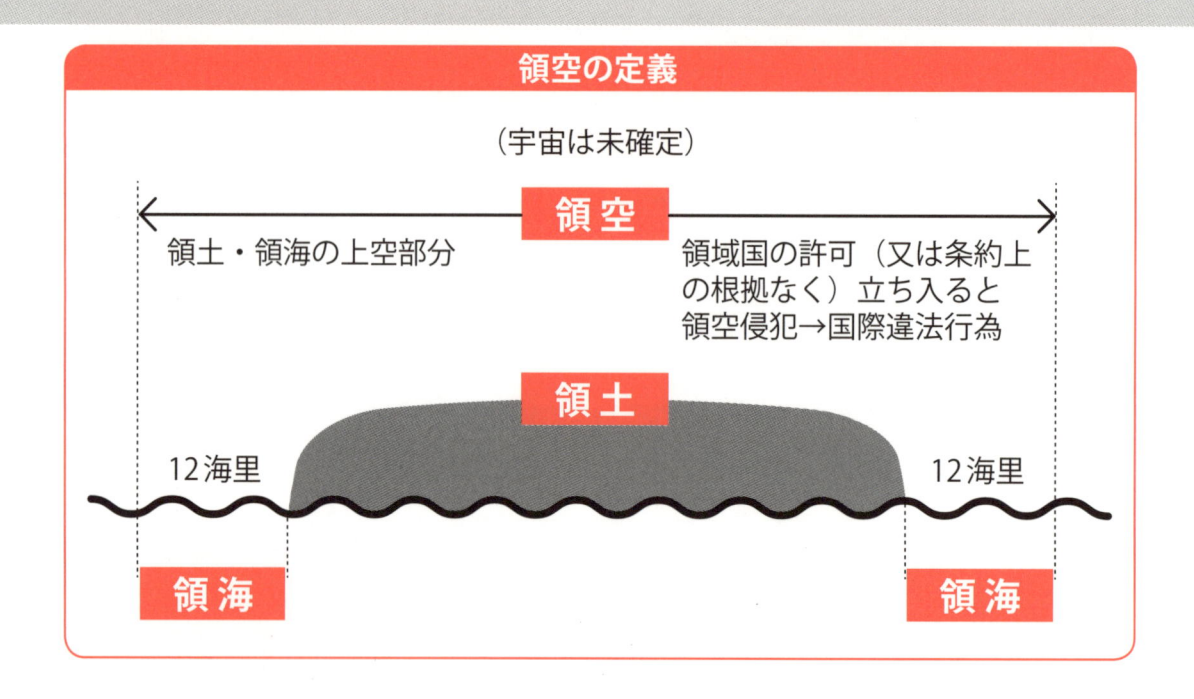

領空の定義

（宇宙は未確定）

領空

領土・領海の上空部分　　領域国の許可（又は条約上の根拠なく）立ち入ると領空侵犯→国際違法行為

領土

12海里　　　　　　　　　　　　　　　　　　　12海里

領海　　　　　　　　　　　　　　　　　　**領海**

領空は、領土・領海の上空（厳密には、領土・領海の外部限界において地表上に垂直に立てた線によって囲まれた空域部分。**宇宙は未確定**）を指している。

第一次世界大戦期のヨーロッパ諸国によって、各国は、領空において完全かつ排他的な主権が承認されるようになった。この原則は、1919年の国際航空条約（パリ条約）と1944年の国際民間航空条約（シカゴ条約）に明記された。

これによって、外国航空機は、外国船舶が領海にもつ無害通航権のような一般国際法上の権利は認められなくなった。領域国の許可または条約上の根拠なく当該国の領空に立ち入る場合は**領空侵犯**となり、国際違法行為であるとされてきた。

領域国は違法行為者に対して、警告、針路変更、退去、着陸命令などの対応措置を発動し、これに従わない場合には、撃墜を含む実力行使がなされるようになった。一方、民間航空機の安全を確保するため、1983年9月、ソ連機ミサイル攻撃事件（大韓航空機撃墜事件）を機に**民間機に対する武力不行使の原則**が国際民間航空機関特別理事会決議として成立した。

自国の航空機が他国の**防空識別圏**内を飛行する場合、事前に飛行計画を提出することで、望まない偶発的紛争や軍事緊張が高まるのを防止することが一般的になってきている。

日本の防空識別圏

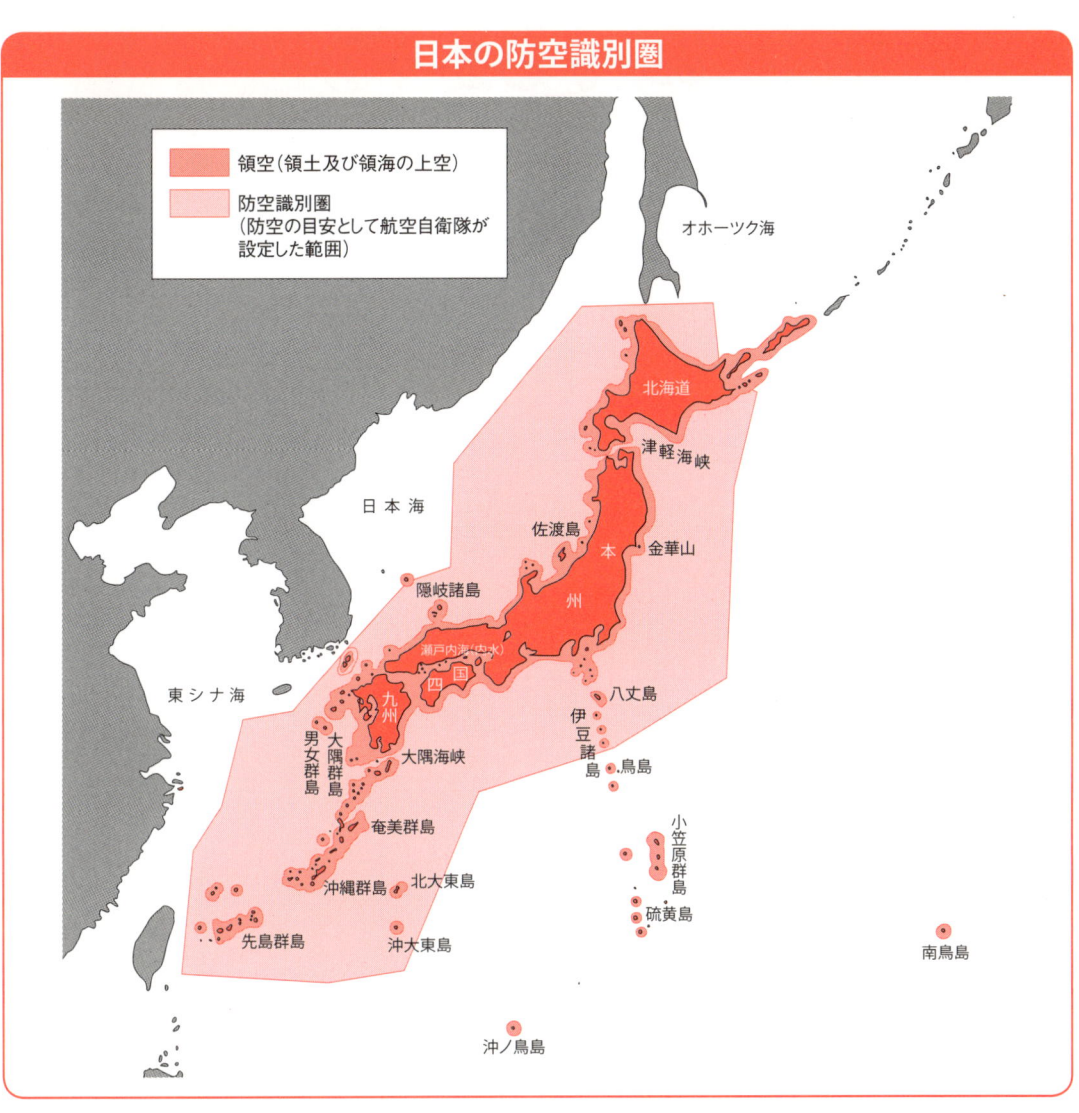

凡例:
- 領空（領土及び領海の上空）
- 防空識別圏（防空の目安として航空自衛隊が設定した範囲）

日本自衛隊の緊急発進の回数の推移　1958-2011年度

日本自衛隊の地域別緊急発進回数、2007-11年度

地域	ロシア	中国	台湾	北朝鮮	その他	計
2007年度	253	43	3	0	8	307
2008年度	193	31	7	0	6	237
2009年度	197	38	25	8	31	299
2010年度	264	96	7	0	19	386
2011年度	247	156	5	0	19	425

出所：防衛年鑑刊行会編『防衛年鑑』2012年度版、防衛メディアセンター、2012年。

第1章　そもそも領土・領海・領空とは何か？

日本の国境を形成する島々①
伊豆諸島

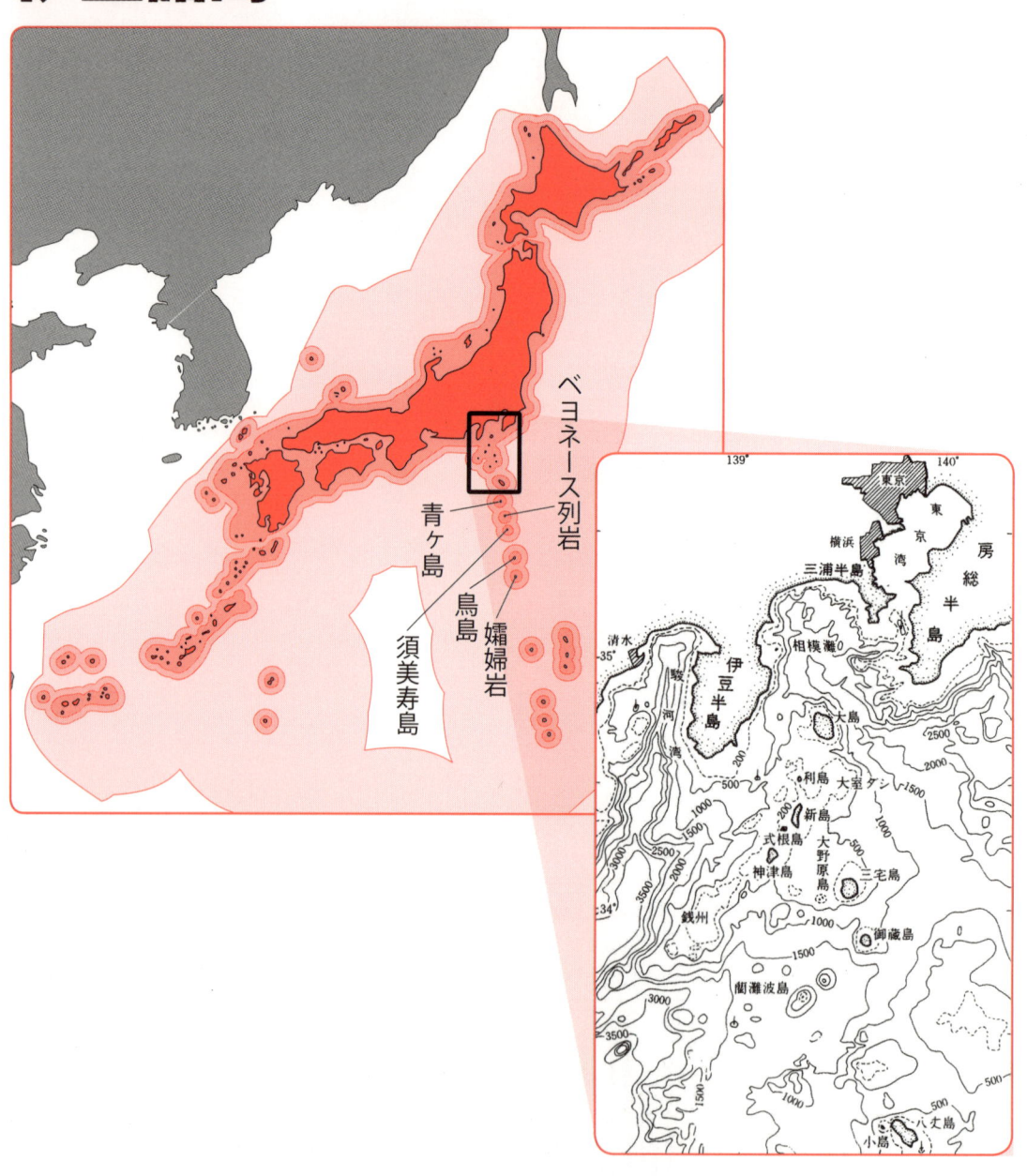

伊豆諸島は、伊豆半島の南東部から南北に拡がる主島の伊豆七島（大島、利島、新島、神津島、三宅島、御蔵島、八丈島）の他、多くの属島で構成され、富士火山帯に属する。これら諸島は伊豆国に属し、1670年（寛文10年）伊豆代官所の支配となった。八丈島は1717年（享保2年）以降、代官の巡見するところとなり、また流刑地となり、江戸幕府の直轄地、つまり、天領であった。明治期の1876年静岡県に編入され、1878年東京府に編入された。

第2章

尖閣諸島問題
海洋の権益と
資源を狙う中国

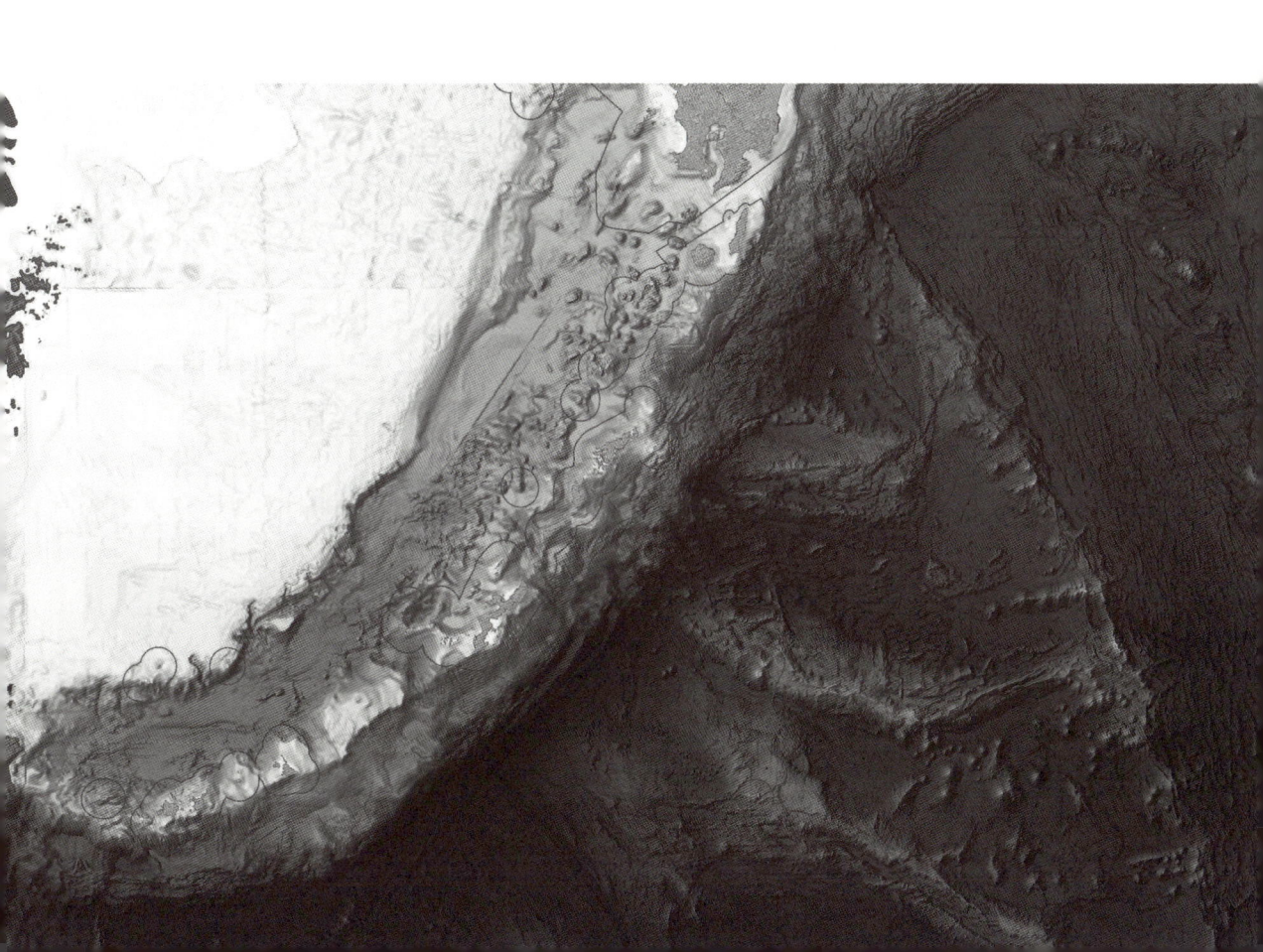

尖閣諸島問題

尖閣諸島問題を語るポイント

尖閣諸島問題の争点は何か、発端は何か？

尖閣諸島は沖縄県に属し、昔から日本の住民によって利用されてきた。しかし1960年代に行われた石油・天然ガス調査によって資源があることがわかると、中国が領有権を主張。中国は領海侵犯を続け、国際司法裁判所への提起にも応じていない。

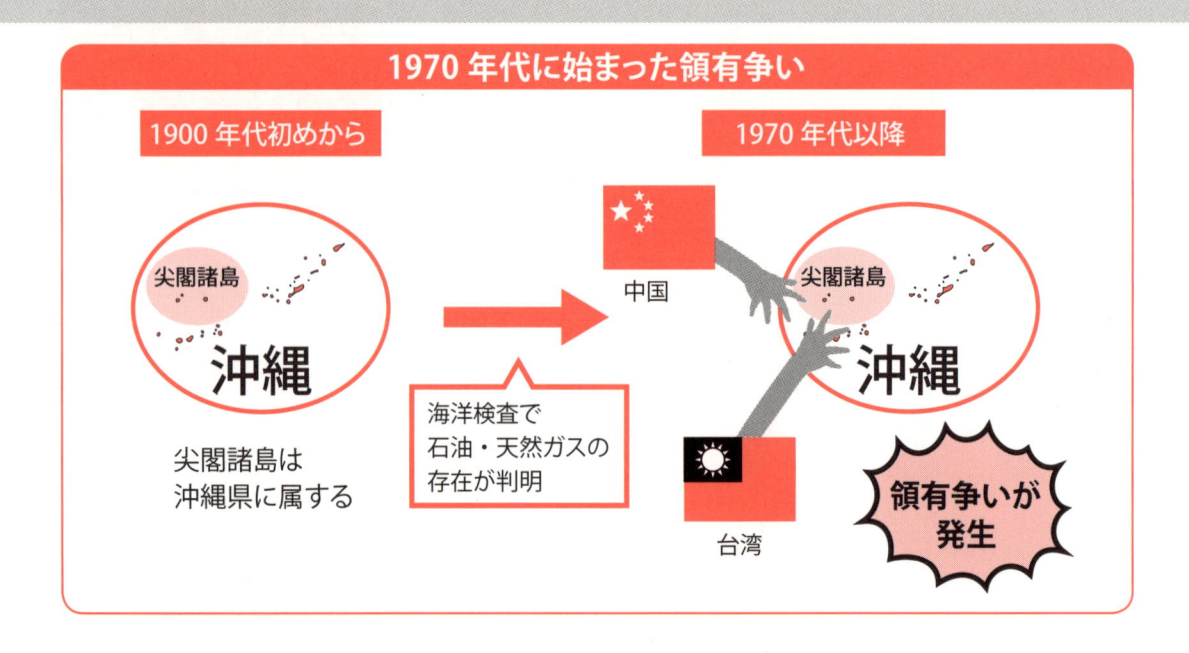

1970年代に始まった領有争い

1900年代初めから
尖閣諸島／沖縄
尖閣諸島は沖縄県に属する

海洋検査で石油・天然ガスの存在が判明

1970年代以降
中国／台湾／尖閣諸島／沖縄
領有争いが発生

尖閣諸島は1900年代の初めから沖縄県の管轄にあり、古賀村（現在の石垣市）に属している。**魚釣島**は、近年まで私有地で、住民の生産活動があった。久場島は戦後、米軍の演習場になっていた。他の小島5つのうち2つは私有地で、3つは登記がない。

尖閣諸島の位置する東シナ海海域は、1960年頃までは恵まれた漁場として認識されているのみだった。しかし、1961年に行われた石油・天然ガス調査によって、1969年に**石油資源**が確認されたことが公表されると、台湾、そして中国の関与が始まった。

中国は、1970年代にこの海域での資源開発に着手した。1995年6月には、奄美大島から尖閣諸島までの海域、沖縄トラフ（琉球諸島の北西約1000kmにわたる、海底のくぼみ）を含む大規模な資源調査を実施。以来、**中国調査船の日本領海侵犯**が続くようになった。

この地域は、日本と中国がそれぞれ主張する**排他的経済水域**にある。日本側は日中中間線による区分けを主張しているが、中国側は中国の大陸棚の先端が沖縄トラフまで延びていると主張しており、平行線のままだ。日本は、国際司法裁判所や国連海洋法裁判所への提起を求めているが、中国は応じていない。

2012年、日本政府は尖閣諸島の私有地を国有化（国有地への移行）する措置をとった。中国政府は、中国領土の収用だといって反発し、政府主導の激しい**反日抗日活動**が起きた。

尖閣諸島の位置関係

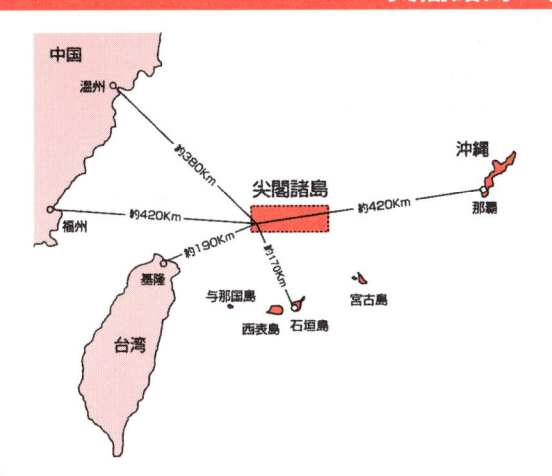

尖閣諸島

尖閣諸島問題の主な経緯

	主な出来事	
1900年代～	**先占の法理**で日本が領有。	「先占の法理」とは、どの国にも属さない土地を先に支配した国が自国の領土にすること
1960年頃まで	漁場として利用。	
1961年	大見謝恒寿が沖縄・宮古島・八重山島周辺海域の石油・天然ガス調査に着手。	
1968年10月～12月	ECAFE海域アジア海域沿岸海底鉱物資源共同調査委員会CCOPが尖閣諸島海域を含む東シナ海域での海底資源調査を実施。	
1969年5月	前記ECAFR/CCOPの調査結果が公表され、**石油資源**があると確認。	
1970年代	**中国**、大陸棚海域での資源開発に着手。	
1992年2月	中国、領海法及び接続水域を設定。	
1995年	石油試掘を行ってきた中国国務院地質鉱山局上海地質調査局が、日本の石油企業に対し、**日中中間線**の日本側大陸棚開発に関する共同調査を申し入れ。	日本はこれを拒否
1995年6月	中国海洋調査船向陽紅9号（4500t）が、奄美大島から尖閣諸島までの海域、沖縄トラフでの大規模な資源調査を実施。以来、中国調査船の激しい日本領海侵犯が続く。	
1998年6月	中国、専管水域経済特区及び大陸棚法を制定し、**大陸棚の自然延長の原則**を確認した海洋戦略に着手。	
2003年8月	中国、日中境界線に隣接する春暁油田の本格的開発に着手。	日本は中国にデータ提供を求めるが拒否される
2004年5月	中国、春暁ガス田に施設が完成。	
2004年7月	日本、資源エネルギー庁が資源調査を実施。その結果、中国の春暁と断橋の2つのガス田は**日本側の排他的経済水域**にまで続いていることが判明。	同油田の開発は日本側資源の窃取ではないかと懸念
2005年2月18日	中国も、ガス田が日本側の排他的経済水域まで続いている事実を認めた。	
2008年6月	両国は、(1) 白樺（春暁）開発に日本も参加する、(2) 翌檜（龍井）南側の日中中間線を跨ぐ海域の共同開発区域で共同開発に入ると合意。	鳩山由紀夫首相（当時民主党政権）は5月、共同開発ではなく資本の出資協力に応じ、日本はその対価を求めない、とした
2008年7月	中国が一方的な生産を継続していることが判明。中国報道官は日本との共同開発の問題は存在しないと発言。	
2010年3月18日	中国海軍の示威行動が沖縄・沖ノ鳥島海域で展開された。	
2010年5月3日	中国の海洋調査船が日本の排他的経済水域に立ち入り、調査中の海上保安庁測量船に対し、調査中止を要求した。	中国政府は中国領土の収用として反発
2012年9月11日	日本政府は私有地の**国有化**（国有地移行）措置をとった。	

第2章　尖閣諸島問題　海洋の権益と資源を狙う中国

尖閣諸島問題

尖閣諸島のプロフィール
尖閣諸島とは、どんな島々なのか？

尖閣諸島は5つの島と3つの岩礁などからなる島々だ。かつては中国と琉球（沖縄）の間の往来ルート上にあって、よく知られていた。戦後、米軍による支配を経て日本に返還されたが、中国や台湾などと領有権を巡って論争となった。

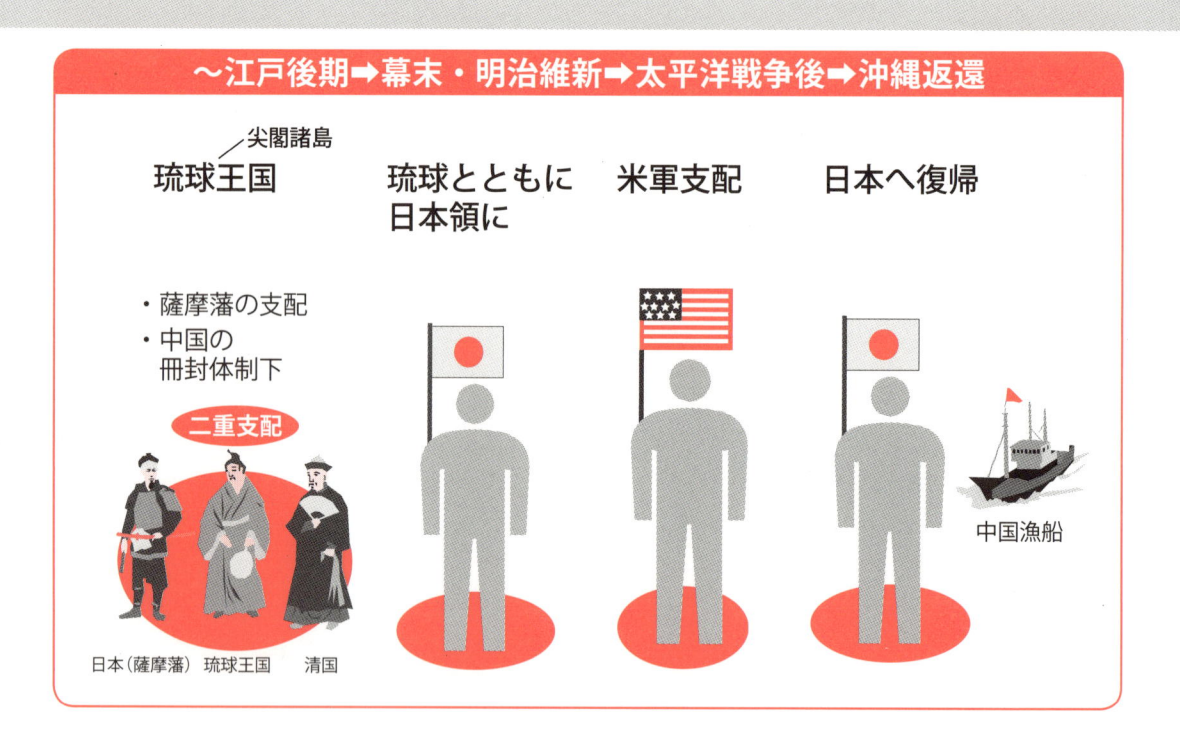

～江戸後期 ➡ 幕末・明治維新 ➡ 太平洋戦争後 ➡ 沖縄返還

琉球王国（尖閣諸島）	琉球とともに日本領に	米軍支配	日本へ復帰
・薩摩藩の支配 ・中国の冊封体制下 **二重支配** 日本（薩摩藩） 琉球王国 清国	🇯🇵	🇺🇸	🇯🇵　中国漁船

　尖閣諸島は、魚釣島、久場島、大正島、北小島、南小島の5つの島と、沖ノ北岩、沖ノ南岩、飛瀬の3つの岩礁などからなる。

　この島々は、かつて中国と琉球との間の往来ルートにあって、よく知られていた。戦前は**日本人の私有地**で、アホウドリの羽根の採取やかつお節の製造などが行われていた。また、政府も現地調査の上、国有地として編入の措置をとってきた。

　戦後は**米軍による支配**にあったが、1972年に**沖縄返還協定**が発効すると、日本に返還された。しかし、その直前の1969年、近隣の海域に石油資源が埋蔵されていることが公表され、領有権を巡って**中国や台湾などと論争**となった。

　沖縄が日本に返還される際、沖縄はかつて台湾を含む**中国の旧冊封国**（貢ぎ物を送り、中国に従属しながら交易を行う国）であったことから、中国への返還要求が起こった。

　その後、1978年8月、日本青年社が釣魚島に灯台を建設したり、1990年10月には香港と台湾の保釣運動突撃隊が魚釣島に上陸したりするなど、関係各国の抗議活動が激化していく。

　日本政府は2012年9月に尖閣諸島の**国有化**を発表。これに対しても、中国や台湾では激しい反発行動が繰り広げられた。

尖閣諸島　各島のプロフィール

魚釣島 (中国名：釣魚島)	北緯25度45分〜46分、東経123度30分〜32分。東西3.5キロメートル、面積3.8平方キロ、周囲1万1128メートル
飛瀬	北緯25度45分、東経123度33分。面積0.01平方キロ、周囲390メートル、海抜3.4メートル。
北小島	北緯25度44分〜45分、東経123度35分。面積0.31平方キロ、周囲3120メートル。
南小島	北緯25度44分、東経123度35分。面積0.35平方キロ、周囲2610メートル。

久場島 (中国名：黄尾嶼)	北緯25度55分、東経123度40分〜41分、面積0.87平方キロ、周囲3491メートル。
大正島 (中国名：赤尾嶼)	北緯25度53分、東経124度34分〜35分。面積0.05平方キロ、周囲980メートル。
沖ノ北岩 (中国名：黄麻嶼)	北緯25度48分、東経124度36分。面積0.05平方キロ、周囲810メートル、海抜24メートル。
沖ノ南岩	北緯25度47分、東経123度37分。面積0.01平方キロ、周囲420メートル、海抜5メートル。

※沖ノ北岩、沖ノ南岩、及び飛瀬は、上陸は危険とされる。

琉球と尖閣諸島領有の関連の歴史

	主な出来事
1859年	大城水保、魚釣島・黄尾嶼・赤尾嶼上陸。
1879年4月4日	**廃藩置県の布告、沖縄県設置。**
1879年7月14日	日本政府、**冊封停止措置。**
1894年8月1日	**日清戦争。**
1895年1月14日	閣議、尖閣諸島の沖縄県所轄及び国標建設の決定、21日沖縄県へ通達。
3月30日	日清交渉、休戦条約調印、4月17日下関講和条約調印、5月8日批准書交換。
5月25日	台湾県民、台湾独立宣言。
5月29日	日本軍艦、台湾遠征のため尖閣諸島付近に集結、6月2日台湾受渡し公文成立、7日日本軍、台北占領。

	主な出来事
1896年3月5日	日本政府、勅令により編入措置、沖縄県知事、**尖閣諸島**を八重山郡に編入、魚釣島・久場島・南小島・北小島を国有地と決定。
1921年7月25日	政府、久米赤島を国有地と決定。
1945年4月1日	**米軍**、沖縄上陸、7月日本政府の行政権限停止。
1950年8月4日	尖閣諸島を含む群島組織法公布。
1953年12月19日	米民政府、尖閣諸島を含む琉球列島の地理的境界再指定。
1968年9月19日	琉球政府、尖閣諸島の領海侵入取り締まり強化、10月警告板設置。
1970年5月15日	尖閣諸島を含む**沖縄返還協定**調印、1972年5月15日発効。
2012年9月11日	日本、尖閣諸島を**国有化**。

第2章　尖閣諸島問題　海洋の権益と資源を狙う中国　35

尖閣諸島問題

尖閣諸島　紛争と外交交渉の歴史①

釣魚台論争と日本人の魚釣島上陸事件

尖閣諸島は沖縄の返還とともに日本に組み入れられたが、近隣国の反発は激しく、さまざまな抗議活動が実施された。これに反発した日本人の中には、尖閣諸島への上陸を強行し、近海航行のための灯台を設営する者もいた。

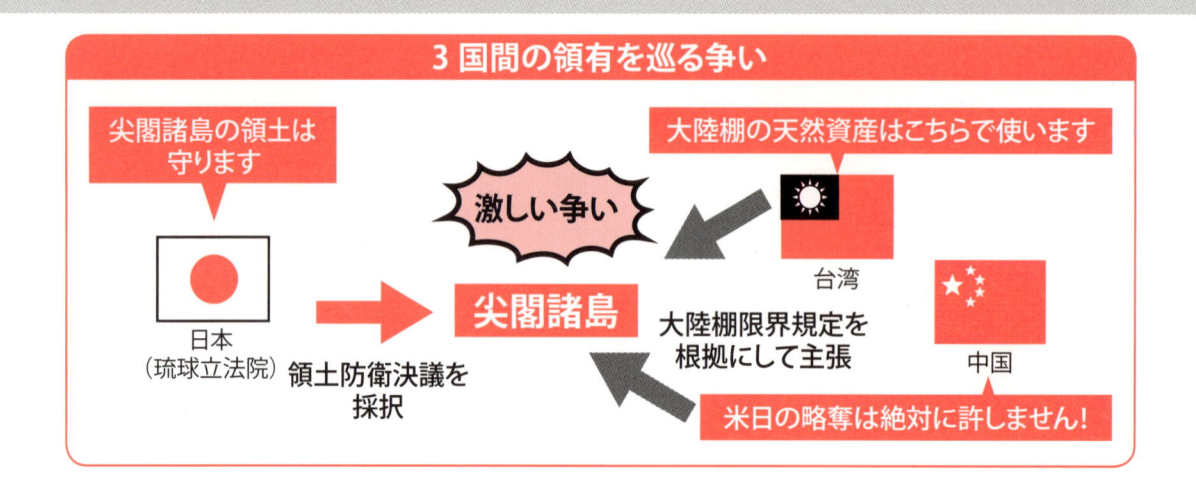

3国間の領有を巡る争い

- 日本（琉球立法院）：尖閣諸島の領土は守ります／領土防衛決議を採択
- 台湾：大陸棚の天然資産はこちらで使います／大陸棚限界規定を根拠にして主張
- 中国：米日の略奪は絶対に許しません！

激しい争い → 尖閣諸島

ここからは、海底資源の確認後に起こった、尖閣諸島の主権を巡る争いを見ていくことにしよう。戦後、尖閣諸島では**米軍の支配**が続いたが、地質・資源・生物などの学術調査を実施したのは**日本**だった。その結果、この海域に**海底鉱物資源**があることが確認された。

1969年7月、**台湾**当局は台湾沿岸に隣接する領海外の大陸棚に存在する天然資源に対し、主権の行使（自国のものとして利用すること）を発表し、大陸棚限界規定（例外的に200海里を超えて自国の大陸棚にする規定）を制定した。これに対し、**琉球立法院**（米国統治下に設置された琉球政府の立法機関）は、尖閣列島の領土防衛決議を採択した。さらに、**中国**は「米・日反動派による我が国の海底資源の掠奪を絶対に許さない」と指摘した。こうして、日・中・台による尖閣諸島海域の主権論争となった。

1971年6月、日米による**沖縄返還協定**が調印されると、領有をめぐる論争は激化する。**日本**は1972年5月、国連安全保障理事会に対し、尖閣諸島は日本領土であるとする文書を提出。一方、歴史学者井上清らが「日帝の尖閣列島阻止のための会」を結成し、尖閣は中国領とする一連の論文を中国で執筆し、日本と中国で発表した。これに対し、国際法学者奥原敏雄らが反論し、さらに奥原論文には、中国学者呉天穎が反論した。

中国は当初、「中国の一部である台湾に属する領土」として領有権を主張したが、日本の親中国分子が尖閣諸島に対する中国の領土主権を主張したことから、中国も直接的な中国主権を主張するようになった。

そのような中、政治結社の愛国青年連盟や尖閣諸島領有決死隊が魚釣島に上陸した。台湾の領有権主張に対する**日本人の抵抗事件**だったが、それを日本政府が弾圧するという皮肉な状況となった。

日本・中国・台湾による尖閣諸島主権論争

	主な出来事
1968年	ECAFEアジア海域沿岸海底鉱物資源共同調査委員会CCOP調査報告を提出。
1969年7月	**台湾**は沿岸に隣接する領海外の大陸棚に存在する天然資源に対する主権の行使。
1970年8月	台湾立法院、大陸棚条約を批准し、大陸棚限界規定を制定。
1970年8月	**琉球立法院**、尖閣列島の領土防衛決議を採択。
9月30日	台湾省議会、釣魚台島嶼は我が国固有領土とした決議採択。
12月29日	**中国**「人民日報」、「米・日反動派による我が国の海底資源の掠奪を絶対に許さない」と指摘。
4月10日	台湾外交部、釣魚台島嶼の主権声明。
1971年6月17日	尖閣諸島を含む**沖縄返還協定**調印。
12月15日	佐藤栄作**日本首相**・福田赳夫外相、尖閣列島は我が国土、周辺の大陸棚は関係国と協議の方針を声明。
3月3日	中国代表安致運、国連海底平和利用委員会で日本の釣魚島の不法占領を指摘、日本代表が反論。 琉球立法院、尖閣諸島の日本領土を確認した決議採択。
3月8日	福田赳夫外相、衆議院特別委員会で外務省基本見解「尖閣諸島の領有権問題」発表。
4月17日	荒畑寒村・井上清・羽仁五郎ら、日帝の尖閣列島阻止のための会結成―尖閣列島は日清戦争で日本が強奪したと主張した。 この見解は呉天穎も主張しているが、明らかに間違いで、2つの事例は別であった。
5月2日	日本、200海里排他的経済水域令公布、6月17日施行。
5月18日	「人民日報」、日・米両国は沖縄返還地域に釣魚島など島嶼を組み入れたと指摘
1972年5月24日	日本、国連安全保障理事会に対し、尖閣諸島は日本領土であるとする文書を提出。
7月7日	日中友好協会正統本部、いわゆる尖閣諸島は中国領土と主張。

注記:
- この海域の海底鉱物資源が確認され、公的に着目される
- 「台湾新生報」社論は「釣魚台島嶼付近の大陸棚はわが国の主権に属する」と論じた
- 施政権がアメリカから日本に移る
- 日本内にも中国領有論を展開する者がいた

尖閣列島の領土権防衛に関する要請決議（抜粋）

1．米政府あて決議

　尖閣列島の石油資源が最近とみに世界の注目をあび、県民がその開発に大きな期待を寄せている矢先、中華民国政府がアメリカ合衆国のガルフ社に対し、鉱業権を与え、さらに、尖閣列島の領有権までも主張しているとの報道に県民はおどろいている。

　元来、尖閣列島は、八重山石垣市字登野城の行政区域に属しており、戦前、同市在住の古賀商店が伐木事業及び漁業を経営していた島であって、同島の領土権について疑問の余地はない。

　よって、琉球政府立法院は、中華民国の誤った主張に抗議し、その主張を止めさせる措置を早急にとってもらうよう院議をもって要請する。

　　右決議する。
　　　1970年8月31日
　　　　　　　　　　　　　琉球政府立法院

アメリカ合衆国大統領
アメリカ合衆国国務長官
琉球列島高等弁務官　あて

（以下略）

尖閣諸島問題

尖閣諸島　紛争と外交交渉の歴史②
中国武装船侵入事件と日本政治結社による灯台建設

中国の最初の直接的な実力行使は1978年に始まった。大量の武装船を尖閣諸島の海域に投じ、日本の領海を侵犯して操業した。日本の政治結社の中にはこれに反発し、魚釣島に灯台を建てるなど、抗議活動を行った者もいた。

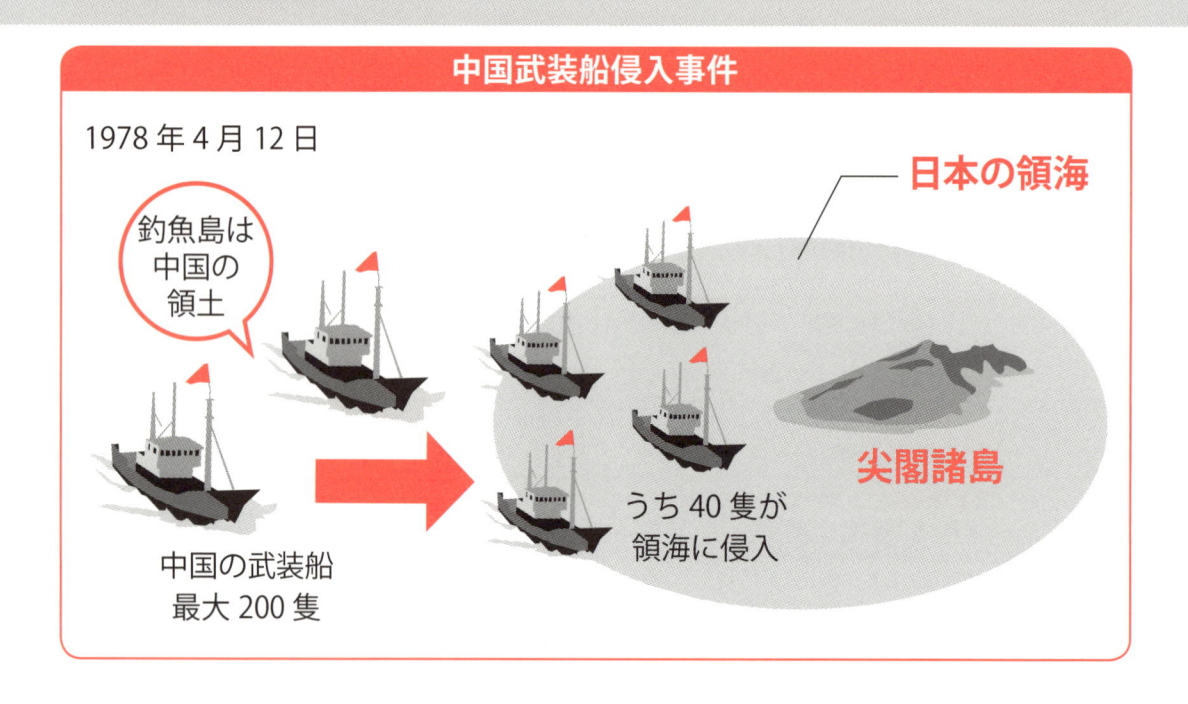

中国武装船侵入事件

1978年4月12日

釣魚島は中国の領土

中国の武装船 最大200隻

うち40隻が領海に侵入

日本の領海

尖閣諸島

　中国は、釣魚島（魚釣島）の領有権を主張するとともに、1978年4月12日、中国武装船、最大時200隻を尖閣諸島海域に出現させた。翌13日最大40隻が日本の領海に侵入し、「釣魚島は中国領土」の垂れ幕を掲げ操業した。日本は退去要求を行ったが、駐日中国大使は拒否。侵入は15日の退去まで続いた。これが中国の最初の実力行使、**中国武装船侵入事件**である。

　その後、8月に**日中平和友好条約**が調印された。園田直日本外相と中国副総理鄧小平が**魚釣島問題の棚上げ**を示唆し含意した。

　事件を契機に、日本の政治結社愛国青年連盟分子が魚釣島に上陸し、日本国旗を掲揚した。さらに、日本青年社は航海の便に供するため灯台を建設し、保守・点検に当たってきた。1990年には、灯台が台風で破損したため第二灯台を建設。これが**第1次外交問題**となった。

　1990年10月、**台湾政府**は、釣魚台特攻隊45名を極秘に編成。そして降下上陸工作および青年社灯台破壊が意図されたものの、総統が知るところとなり、封じられた。

　1996年9月、日本青年社が北小島に灯台を建設し、9月台風で倒壊したため、再建したことで、**第2次外交問題**となった。

　これらの灯台事件で、日本政府は対立の防止に腐心した。しかし、それが国益を損なうとの大義で進められるといった矛盾は明白であった。

日中平和友好条約締結時の会話

1978年8月

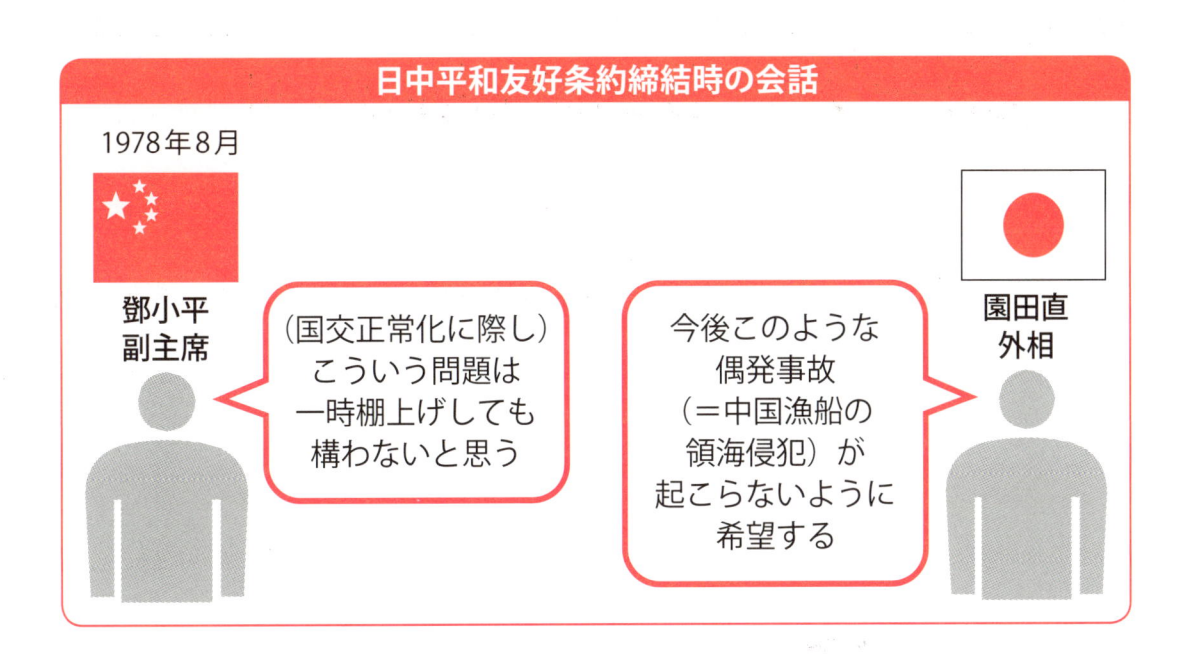

鄧小平副主席：（国交正常化に際し）こういう問題は一時棚上げしても構わないと思う

園田直外相：今後このような偶発事故（＝中国漁船の領海侵犯）が起こらないように希望する

中国武装船侵入事件と灯台建設関連の経緯

	主な出来事
1978年4月12日	中国武装船（最大時200隻）が尖閣諸島海域に出現。翌13日、最大40隻が日本領海に侵入。15日、退去。
1978年6月8日	日本青年社が魚釣島に**第二灯台**建設。
1979年5月17日	海上保安庁、魚釣島に仮設ヘリポート設置作業、中国の抗議で撤去
1979年10月24日	**台北**で中国統一聯盟と保釣釣魚台行動委員会が対日抗議行動。
1980年10月12日	台湾行政院長、日本の灯台建設で釣魚台は台湾領土と主張。
10月18日	**中国外交部**、釣魚島は中国固有領土と声明、灯台は中国の主権侵犯行為と非難。
1996年7月14日	日本青年社、北小島に**簡易灯台**設置。
7月20日	**台湾外交部**、灯台建設で抗議声明。
7月24日	**中国外交部**、灯台建設で非難声明。
9月9日	日本青年社、北小島に灯台建設。
9月10日	中国外交部、灯台建設で日本に抗議。
9月10日	日本青年社、海上保安庁に灯台の正式航路標識の許可申請。
10月4日	日本政府、9月の申請に不許可。

注釈：
- 中国武装船侵入事例
- 以後管理を続け、2005年に日本に委譲
- 中国と台湾による反発
- 中国と台湾による反発

魚釣島灯台
1988年に日本青年社によって新調され、2005年に国へ譲渡
出所：海上保安庁

尖閣諸島問題

尖閣諸島　紛争と外交交渉の歴史③

第一次・第二次保釣運動

中国や台湾で激化していく尖閣諸島の返還運動を保釣運動という。このような運動が活発に行われる背景には、尖閣諸島の問題が中国の愛国主義を示す象徴としてとらえられていたことがあった。

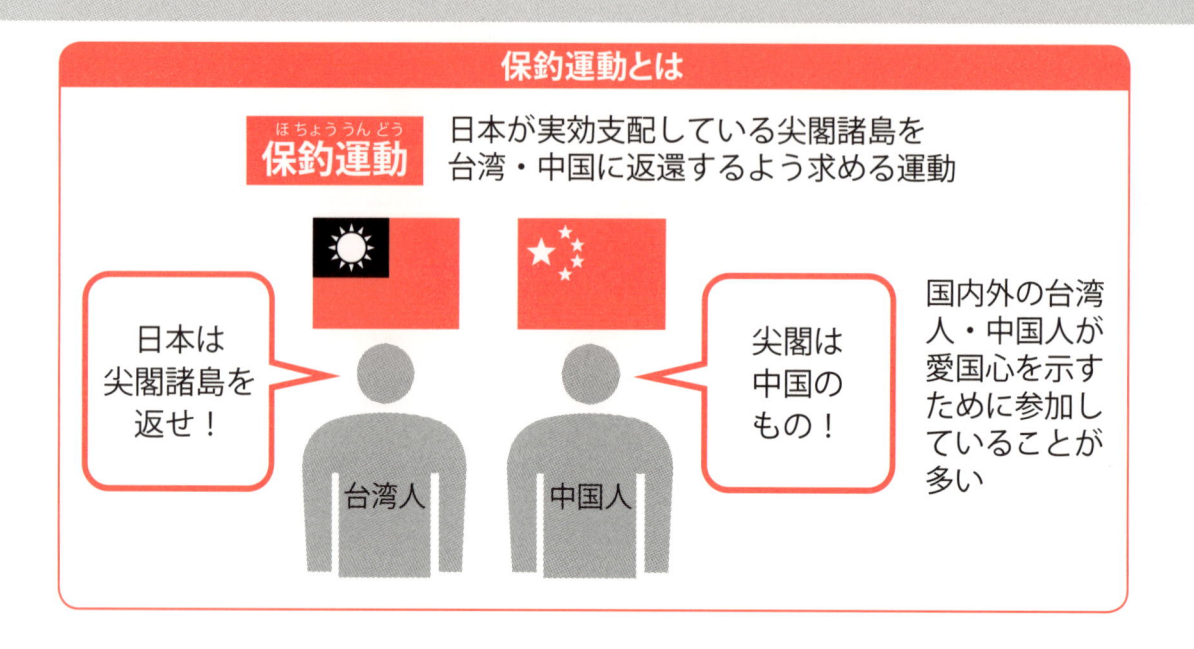

保釣運動とは

保釣運動（ほちょううんどう）
日本が実効支配している尖閣諸島を台湾・中国に返還するよう求める運動

台湾人：「日本は尖閣諸島を返せ！」
中国人：「尖閣は中国のもの！」

国内外の台湾人・中国人が愛国心を示すために参加していることが多い

　日本・中国・台湾での領有権を巡る問題はさらに激化していく。ここでは保釣運動について説明する。

　保釣運動とは、日本が実効支配している尖閣諸島を台湾・中国に返還するよう求める運動のことをいう。1970年代に起こったものを**第一次保釣運動**といい、すでに述べたとおりである。以下では、1996年からの**第二次保釣運動**について見ていこう。

　1996年7月14日、日本青年社が北小島に灯台を建設した。それに続いて、23日に日本は**200海里排他的経済水域**を設定した。これに対し、**中国**は23日、釣魚島を所有する中国の主権侵犯である、と抗議した。9月に北小島の灯台が再建されると、**香港**で大規模な抗議運動が巻き起こった。香港と**台湾**の全球華人保持釣大連盟の突撃隊が尖閣諸島に突入し、抗議船の突入・上陸事件が起きた。

　この事件の背景には、中国の干渉を封じたい香港人の感情があり、それゆえにこそ**中国愛国主義**を表現する場として尖閣諸島が注目されたという側面がある。日本製品のボイコット運動や、香港日本総領事館襲撃事件などと連動していた。

　1996年に続いて2012年8月15日、香港の保釣行動委員会は魚釣島に再上陸した。委員会の代表は、この7人の上陸（逮捕者は14人）と台湾と中国の国旗を15分間振ったことは、「委員会の十数年来の活動で最大の成功だ」と語っている。

台湾・中国の組織立った抗議活動

1996年 **北小島に灯台を建設** 日本青年社による

台湾　**保釣行動委員会** ← → 中国　**華人保釣大聯盟** それぞれ発足

以後たびたび活動を行う
- 日本に対する抗議デモ
- 尖閣諸島海域への出航
- 領海侵犯、尖閣諸島への上陸

→ **反日的活動を過激に展開**

しかも、
台湾・中国政府はこれらの活動を黙認している

中国・台湾の第二次保釣運動の経緯

	主な出来事	
1996年8月28日	池田行彦日本外相が香港で「尖閣諸島は日本領土」と発言。	翌29日、学生が香港総領事館に抗議デモ。
9月6日	香港の親中国派と民主派、台湾の中国統一派が結集して尖閣諸島海域に突入。海上保安庁の巡視船が排除。	
9月7日	香港で民主派議員の一二三民主同盟、日系デパートで日本製品ボイコット運動。	
9月16日	香港で保衛釣魚台聯合行動、1万人動員の抗議デモ。	
9月22日	全球華人保釣大聯盟突撃隊、香港と台湾を出港。	
10月7日	台湾・香港・澳門の活動家300人が乗船した漁船49隻が尖閣諸島海域に出現、41隻が日本領海に侵入。全球華人保釣大聯盟突撃隊第二陣4人が魚釣島上陸。	翌23日には日本領海に侵入するも海上保安庁が阻止。
10月9日	香港民主派議員と全球華人保釣大聯盟突撃隊分子、香港日本総領事館に突入、香港治安当局が排除。	中国国旗・国民政府国旗を掲揚した。50分で退去。
11月23日	池田外相の訪中、尖閣諸島問題の実質棚上げで合意。	

尖閣諸島問題

尖閣諸島　紛争と外交交渉の歴史④

尖閣諸島 中国船衝突事件

日本は、民主党政権の下で、沖縄の普天間基地の移設問題で激しく揺れていた。そんな中にあって、尖閣諸島に対する日本の態度は一貫していなかった。2009年の中国船衝突事件では、乗組員を拿捕するも釈放するなど、不明確な対応に終始した。

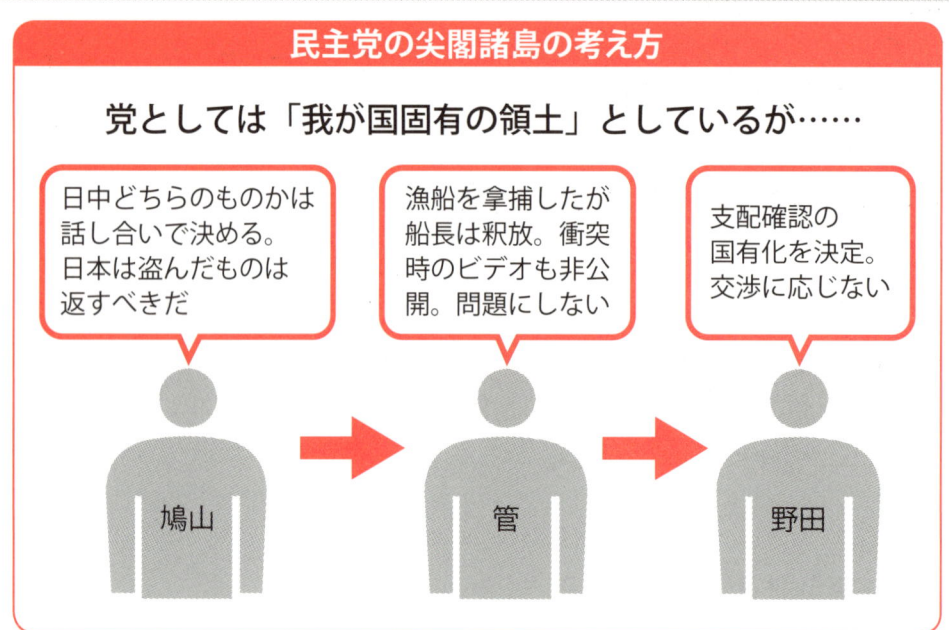

民主党の尖閣諸島の考え方

党としては「我が国固有の領土」としているが……

- 鳩山：日中どちらのものかは話し合いで決める。日本は盗んだものは返すべきだ
- 菅：漁船を拿捕したが船長は釈放。衝突時のビデオも非公開。問題にしない
- 野田：支配確認の国有化を決定。交渉に応じない

中国への配慮に違いがある

※自民党は原則的立場を堅持

　2009年9月、鳩山由紀夫**民主党政権**が成立した。鳩山首相は、沖縄軍事基地の解消を主張し、中国にアジア秩序をもたらすと約束した。しかし、それが実現することはなかった。

　2010年6月に菅直人首相に代わると、就任記者会見で琉球処分（明治時代に琉球国を沖縄県に編入したこと）に触れた。また、沖縄の軍事基地はそのまま継続することになった。

　9月7日、**中国漁業工作船**が尖閣諸島海域に侵入し、**海上保安庁巡視船**と衝突する事件が起きた。（中国の認識における）中国領海内で中国人船長が**拿捕**されるという事態に、中国は抗議した。

　日本政府は、2004年3月以降、尖閣諸島において、日本人を含む一切の上陸禁止措置をとることで、秩序を維持してきた。しかし、そのために日本の実効的支配の力は失われつつあった。つまり、秩序維持のための方法によって、自らの力を失ってしまったのである。

　さらに、民主党政権は、政治判断が不明確なまま、船長を**釈放**した。中国は、日本に対し謝罪と賠償を要求した。加えて中国は、日本政府の態度が一貫せず、かつ明確でないとして、日本との会談を拒否した。菅直人首相は、日・中は戦略的互恵関係にあるので、両国間には何ら問題はないとし、この中国政府の立場を容認した。それは、中国の領土主権に対する事実上の黙認、屈服といえるものであった。

中国船衝突事件前後の経緯

	主な出来事
2004年3月	**日本政府**、尖閣諸島への日本人を含む上陸禁止措置。
2009年9月	民主党鳩山政権、沖縄軍事基地の解消を主張するも実現せず。
2010年6月	菅政権、琉球処分について中国と交渉を持ち掛けるも実現せず。
2010年9月7日	**中国漁業工作船**が尖閣諸島海域に侵入し、海上保安庁巡視船と衝突。
9月23日	クリントン米国務長官、尖閣諸島海域は**日米安全保障条約**の適用地域である、と言明。
9月25日	**船長を釈放**、中国は謝罪と賠償を請求。

> 船長を拿捕するも政治的判断もせずに釈放してしまった。それは統括権力の喪失にある。

尖閣諸島中国船衝突事件

2010年9月7日

日本領海内で違法操業している中国籍の漁船を、パトロール中の巡視船「みずき」が発見。退去を命じるも従わず、逃走時に巡視船「よなくに」「みずき」に衝突、破損させた。
海上保安庁はこの漁船の船長を逮捕したが、政府は処分保留で釈放。また、衝突時の様子を収めたビデオは非公開とされた。

出所：海上保安庁

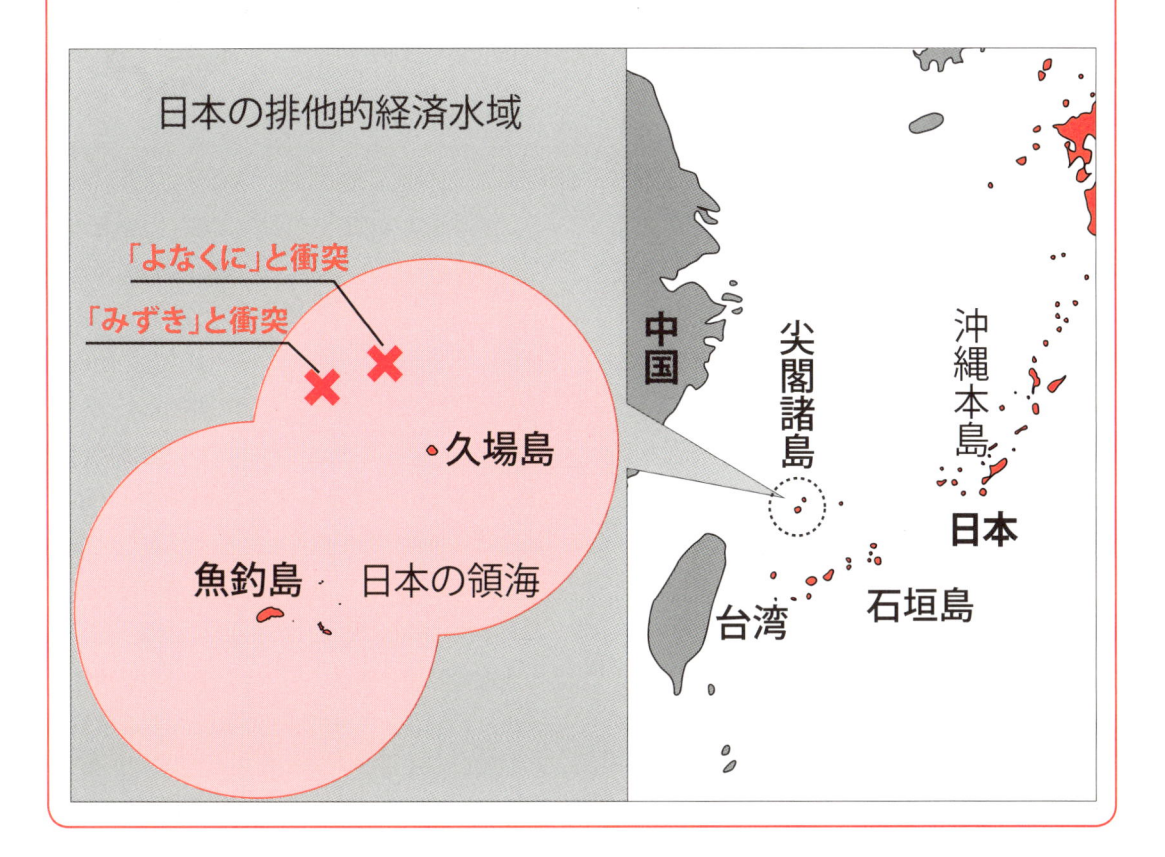

第2章　尖閣諸島問題　海洋の権益と資源を狙う中国

尖閣諸島問題

尖閣諸島　紛争と外交交渉の歴史⑤

尖閣諸島の日本国有化と中国の反発

石原慎太郎東京都知事は、東京都が尖閣諸島を購入する意志を表明した。多額の寄付が集まるが、日本政府は「平穏かつ安定的に維持管理」する目的で、都に先立って購入を決定。これを機に中国は一層反発を強め、大規模なデモが発生した。

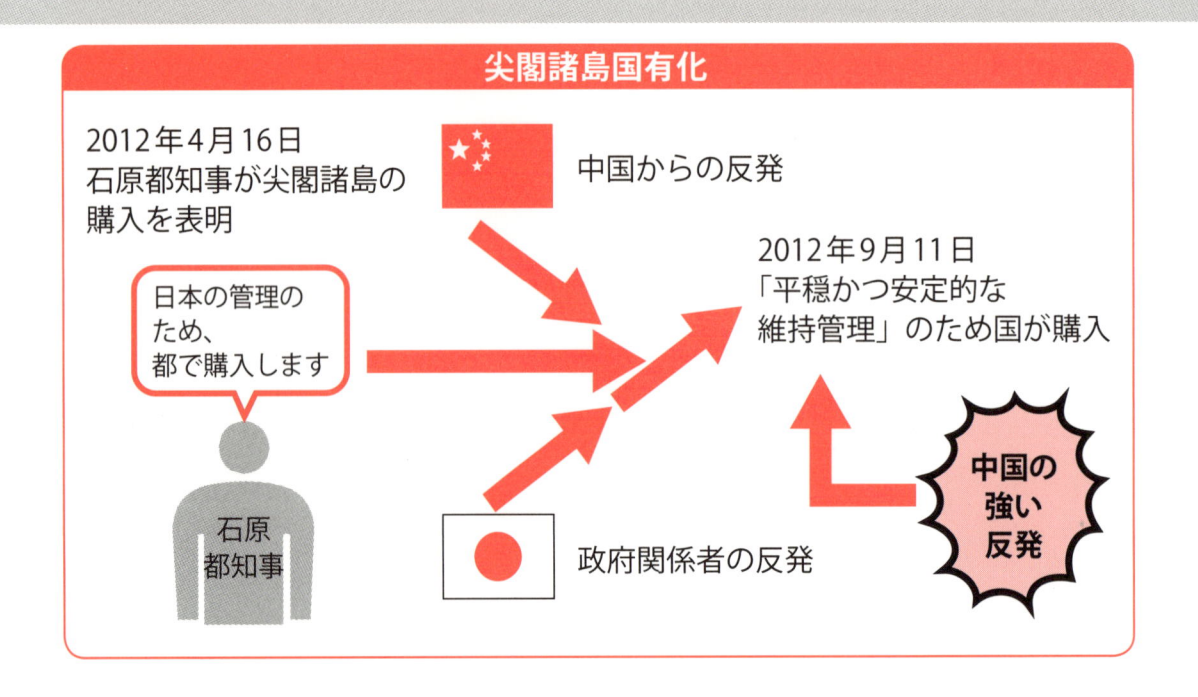

尖閣諸島国有化

- 2012年4月16日 石原都知事が尖閣諸島の購入を表明
- 日本の管理のため、都で購入します（石原都知事）
- 中国からの反発
- 2012年9月11日「平穏かつ安定的な維持管理」のため国が購入
- 政府関係者の反発
- 中国の強い反発

石原慎太郎東京都知事は、日本のために**尖閣諸島を購入**し、適切に管理することを考えた。中国船衝突事件で同諸島の実効的支配の強化が求められていたからで、このとき、石原は講演で、地権関係者と交渉して尖閣諸島を買い取る方向で合意した、と発表した。東京都の購入資金には国民から寄付が寄せられ、国有化直後の9月13日現在で合計14億7327万円に達した。

尖閣諸島を「平穏かつ安定的に維持管理」するため、**野田佳彦民主党政権**は、これまで政府が賃借していた魚釣島・南小島・北小島3島の購入を9月11日に決定し、日本国への所有権移転登記を完了した（政府購入額は20億5000万円）。

これに対し**中国**は、日本の国有化措置は野田・石原の陰謀だと論じた。野田首相の決定は一部要人の独断でなされたこと、それが反日記念日に合わせてなされたこと、温家宝中国総理の野田首相に対する配慮要請を野田首相が無視し一蹴する行動に出たことなどが、理由とされた。要するに、中国は、日本が戦後秩序に挑戦したと論断したのである。野田首相は対決姿勢を明確にし、決して後退せず、**交渉拒否**の強硬論を中国に対し貫いた。

温家宝中国総理は、かかる日本の尖閣諸島国有化に反発し、「中国政府と国民は主権と領土の問題に、半歩たりとも譲歩しない」と発言。中国メディアは中国国民の**反日感情**を煽った。

日本の尖閣諸島国有化前後の流れ

	主な出来事
2012年4月16日	**石原慎太郎東京都知事**はワシントンのヘリテージ財団シンポジウムの講演で、地権関係者との交渉で尖閣諸島を買い取る方向で合意した、と発表。
6月7日	駐中日本大使丹羽宇一郎、「フィナンシャル・タイムズ」で、「購入が実行されれば重大な危機となる」と発言。
9月11日	**野田佳彦首相**、これまで政府が賃借していた魚釣島・南小島・北小島3島の購入を決定、日本国への所有権移転登記も完了。
12日	中国国防部報道官、軍の報復措置の可能性を示唆。
17日	中国内で反日デモ激化。外交部副報道局長「国有化が撤回されない限り、さらなる破壊活動が起こる」と発言。
19日	パネッタ米国防長官と習近平中国国家副主席が会談。

東京都による尖閣諸島の現地調査
出所：東京都

この発言で世論の激しい反発を生んで更迭

習：「米国は釣魚島の主権問題に介入しない」
パネッタ：「尖閣諸島は日米安全保障条約の適用範囲内」

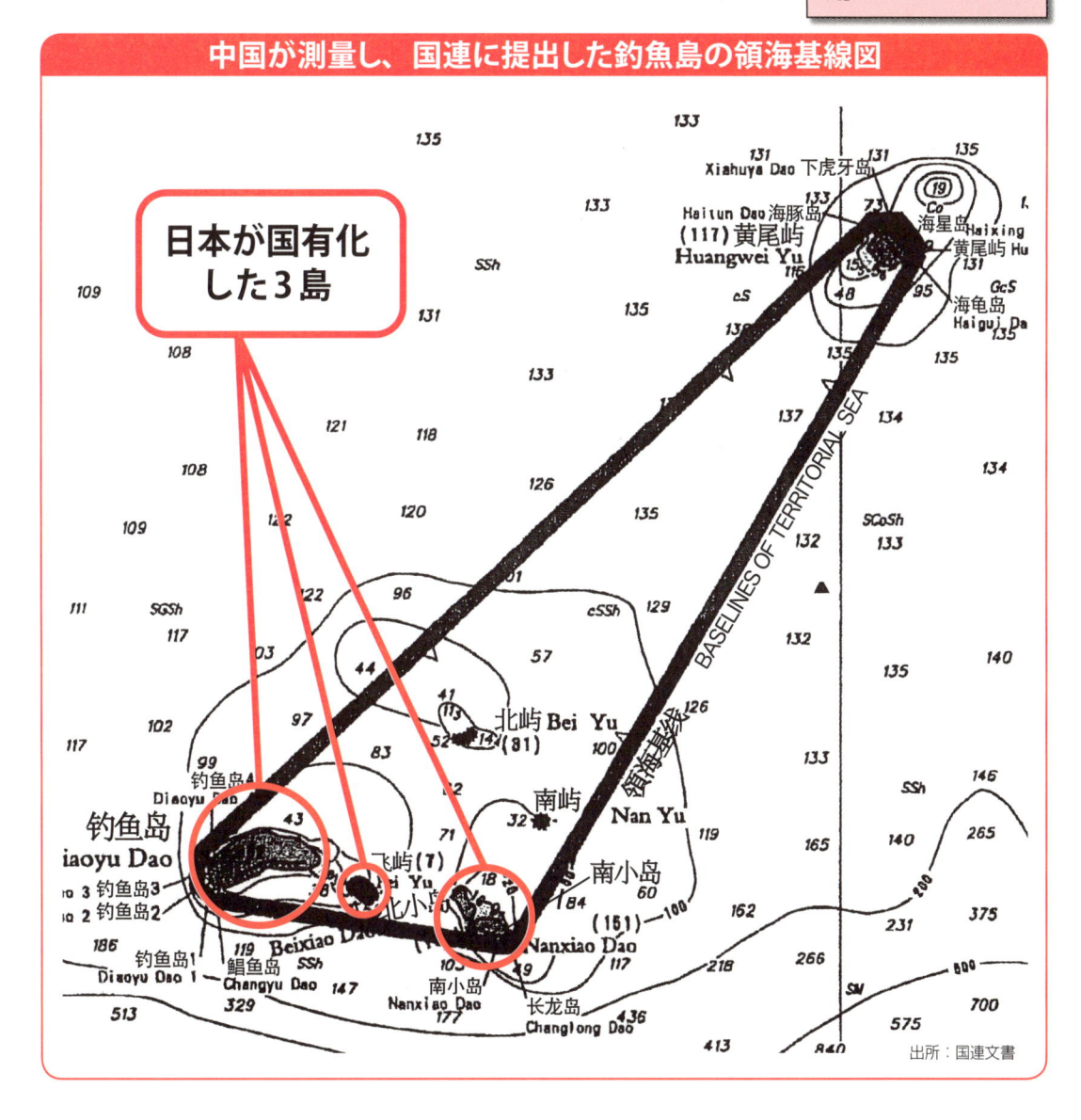

中国が測量し、国連に提出した釣魚島の領海基線図

日本が国有化した3島

出所：国連文書

尖閣諸島問題

尖閣諸島　紛争と外交交渉の歴史⑥

反日デモと中国船団の尖閣諸島海域侵犯

日本・中国間の関係は、改善の糸口をつかめないまま、対決姿勢が強まってきた。2012年9月の日本の尖閣国有化を機に反日デモはエスカレート。中国は「尖閣周辺は中国の領海だ」と主張し、日本領海への侵犯も続いている。

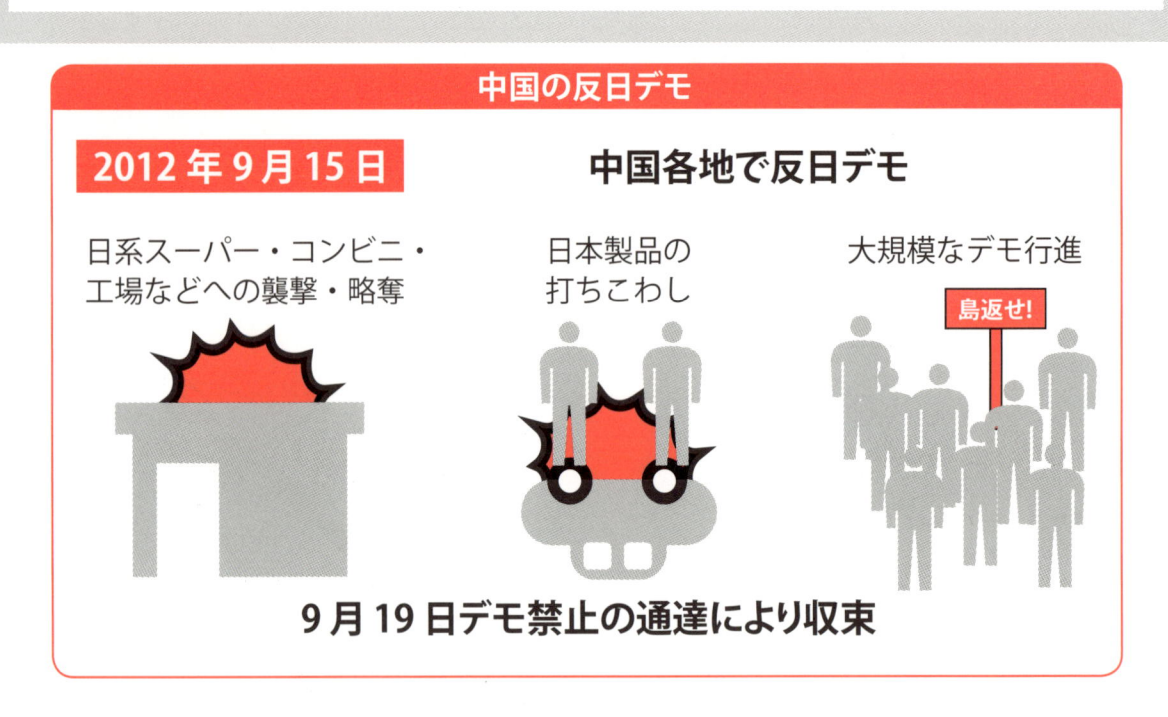

中国の反日デモ

2012年9月15日

中国各地で反日デモ

日系スーパー・コンビニ・工場などへの襲撃・略奪

日本製品の打ちこわし

大規模なデモ行進
島返せ!

9月19日デモ禁止の通達により収束

　尖閣諸島の**日本国有化**に対して、中国では激しい反日デモが繰り広げられた。数千人に及ぶデモ隊が日系企業やスーパーなどを破壊し、略奪行為に及んだ。

　2012年9月12日、中国国防部報道官は、異例の記者会見で、「我々は、事態の推移をよく注視し、相応の措置をとる権利を留保する」と述べ、軍の報復措置の可能性を示唆した。また、外交部副報道局長・洪磊は、国有化が撤回されない限り、さらなる破壊活動が起こるであろうと発言。一連の混乱は政府の行動であることを明らかにした。

　中国は尖閣諸島海域で日本の**領海侵犯**を繰り返し、この海域が自国領土であることを誇示した。そして中国は、尖閣諸島周辺を領海とした「**新海図**」を**国際連合**に提出した。その提出に当たり、当局は「次は、日本の海上保安庁の船を中国の領海から追い出さねばならない。小規模な衝突は何も恐れない」と発言した。

　日本では衆議院が8月24日、同時期に起きた韓国・李明博大統領の竹島上陸へ抗議するとともに、香港の活動家らの沖縄県・尖閣諸島上陸に抗議する決議を採択。民主党政権に代わり国家の意思を明確にした。この決議は、政府の方針が明確化されないなか、国家の方針を明示し、国内外に示した意義があった。これを受けて、野田首相は同日の記者会見で、「尖閣諸島などは日本固有の領土である」と確認した。

2012年9月の日・中・台の動き

	主な出来事
2012年9月11日	野田佳彦民主党政権は、これまで政府が賃借していた魚釣島・南小島・北小島3島の購入を決定、日本国への所有権移転登記を完了（政府購入額は20億5000万円）。
9月12日	中国の国防部報道官は、異例の記者会見で、「われわれは、事態の推移をよく注視し、相応の措置をとる権利を留保する」と述べ、軍の報復措置の可能性を示唆。
9月13日	中国、尖閣諸島周辺を領海とした10日付の「新海図」を国際連合に提出。
9月15日	「新海図」提出にあたり、中国当局は「次は、日本の海上保安庁の船を中国の領海から追い出さねばならない。小規模な衝突は何も恐れない」と発言。
9月17日	中国外交部副報道局長・洪磊、反日デモの扇動に関連して、国有化が撤回されない限り、さらなる（中国での日本の事物に対する）破壊活動が起こるであろうと発言。
9月19日	習近平国家副主席、レオン・パネッタ米国防長官と北京で会談。
9月24日	河相周夫外務次官が訪中し、中国側と会談したが、事態打開の糸口は見出せなかった。衆議院、香港の活動家らの沖縄県・尖閣諸島上陸に抗議する決議を採択。野田首相、記者会見で「尖閣諸島などは日本固有の領土である」と確認。
9月25日	台湾の漁船及び巡視船12隻が尖閣諸島の領海を侵犯した。馬英九台湾総統は、この領海侵犯を称賛。
9月26日	野田首相、国連総会演説。
9月27日	中国外交部長、国連総会演説で「日本が釣魚島を盗んだ」と主張。

注釈:
- 9月11日：中国の反日記念日だったこともあり、事態はエスカレート
- 9月15日：これにしたがって、尖閣諸島海域での日本領海侵犯が続く結果に
- 9月19日：米中で意見が分かれる
- 9月26日：「一方的な力や威嚇を用いて実現しようとする試みは、国際連合憲章の基本的精神に合致せず、決して受け入れられない」と発言

諸外国の反応

●レオン・パネッタ米国防長官

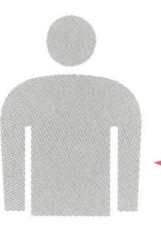

9月19日、習近平国家副主席が「日本の一部政治勢力が茶番を演じている」、「米国は釣魚島の主権問題に介入せず、事態を悪化させないことを望む」と発言したことに対し、尖閣諸島は日米安全保障条約の適用範囲内であって、軍事衝突ともなれば、米国も関与すると反論。

> 尖閣諸島は日米安全保障条約の適用範囲内であって、軍事衝突ともなれば、米国も関与する

●「フランクフルター・アルゲマイネ」（ドイツ紙）

> 中国はかつて欧米列強の帝国主義に苦しめられた歴史の経験を学び、「同じ手法で」逆戻り行動をとっている

●「ウォールストリート・ジャーナル」（アメリカ紙）9月25日社説

> （今回の中国の行動は）『危険によって自国の経済停滞から国民の目を逸らす』扇動にあり、それこそ本質である。米国としては中国の攻勢を、断固阻止しなければならない

第2章　尖閣諸島問題　海洋の権益と資源を狙う中国

尖閣諸島問題

尖閣諸島　紛争と外交交渉の歴史⑦

台湾漁業権要求の解決と中国の行動封じ込め

2013年4月に、日本と台湾が結んだ民間協定は、排他的経済水域内に台湾の漁業権を認める画期的なものだった。これにより、中国の行動を封じ込める目的もある。

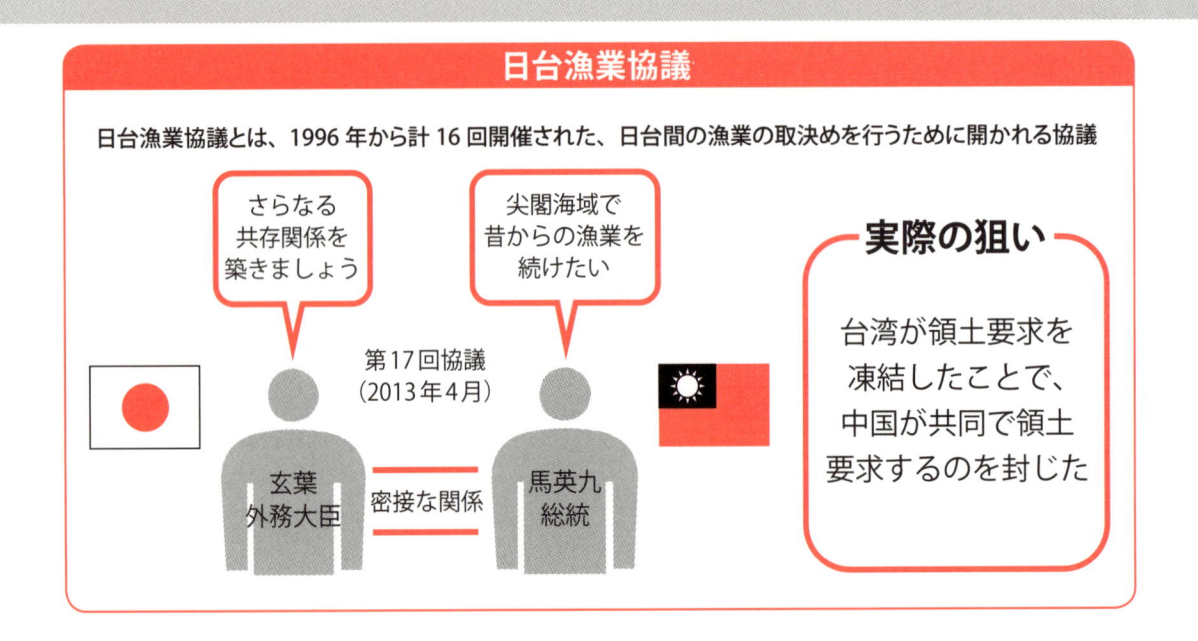

日台漁業協議

日台漁業協議とは、1996年から計16回開催された、日台間の漁業の取決めを行うために開かれる協議

- さらなる共存関係を築きましょう
- 尖閣海域で昔からの漁業を続けたい

第17回協議（2013年4月）

玄葉外務大臣 ── 密接な関係 ── 馬英九総統

実際の狙い
台湾が領土要求を凍結したことで、中国が共同で領土要求するのを封じた

1996年8月にはじめて開催された**日台漁業協議**は、以後年1回のペースで毎年行われてきた。2005年7月までに15回、その後2009年2月に第16回協議が開かれた。

政権が民主党に交代したのち、2013年4月の第17回協議で日本と台湾は民間協定に合意した。その合意は、以下の点で画期的だった。

1、日本が実効支配する尖閣周辺の排他的経済水域内に台湾の漁業権を認める水域を設定する。これは、伝統的な**台湾の漁業権**を認めたものである。

2、日本が協定の合意に応じたのは、尖閣諸島周辺での中国による領海侵犯が常態化するなか、台湾の漁業権を認めることで、中国の行動を封じ込める大義名分を作るためでもあった。

3、協定には、尖閣諸島に対する**領有権**の記述はない。つまり、日本側は、尖閣諸島周辺の日本領海への進入を公式に認めたわけではない。日本は漁業面で譲歩したが、尖閣諸島をめぐる台湾との対立を棚上げすることに成功した。

4、漁業法令を適用しつつも日・台漁業者の操業を認める特別協力水域を設定し、さらに、その一部に日・台双方の漁業関連法令を適用しないで日・台漁船が操業できる協定水域を設定し、台湾の規制措置がとられることになった。

ただし、これまでの台湾の占拠状態が事実上追認されたとの解釈も沖縄にはあり、その影響は大きいと反発した。

尖閣諸島周辺の台湾との漁業権交渉

	主な出来事
1996年8月	第1回日台漁業協議開始。以後年1回開催。
2005年7月	第15回日台漁業協議で排他的経済水域の設定をめぐって対立。
2009年2月	第16回日台漁業協議。
2013年4月10日	第17回協議。日本と台湾は**民間協定**に合意。

> 領海内に台湾の漁業権を認めるものの、尖閣諸島の領有権についての記述はない画期的な協定

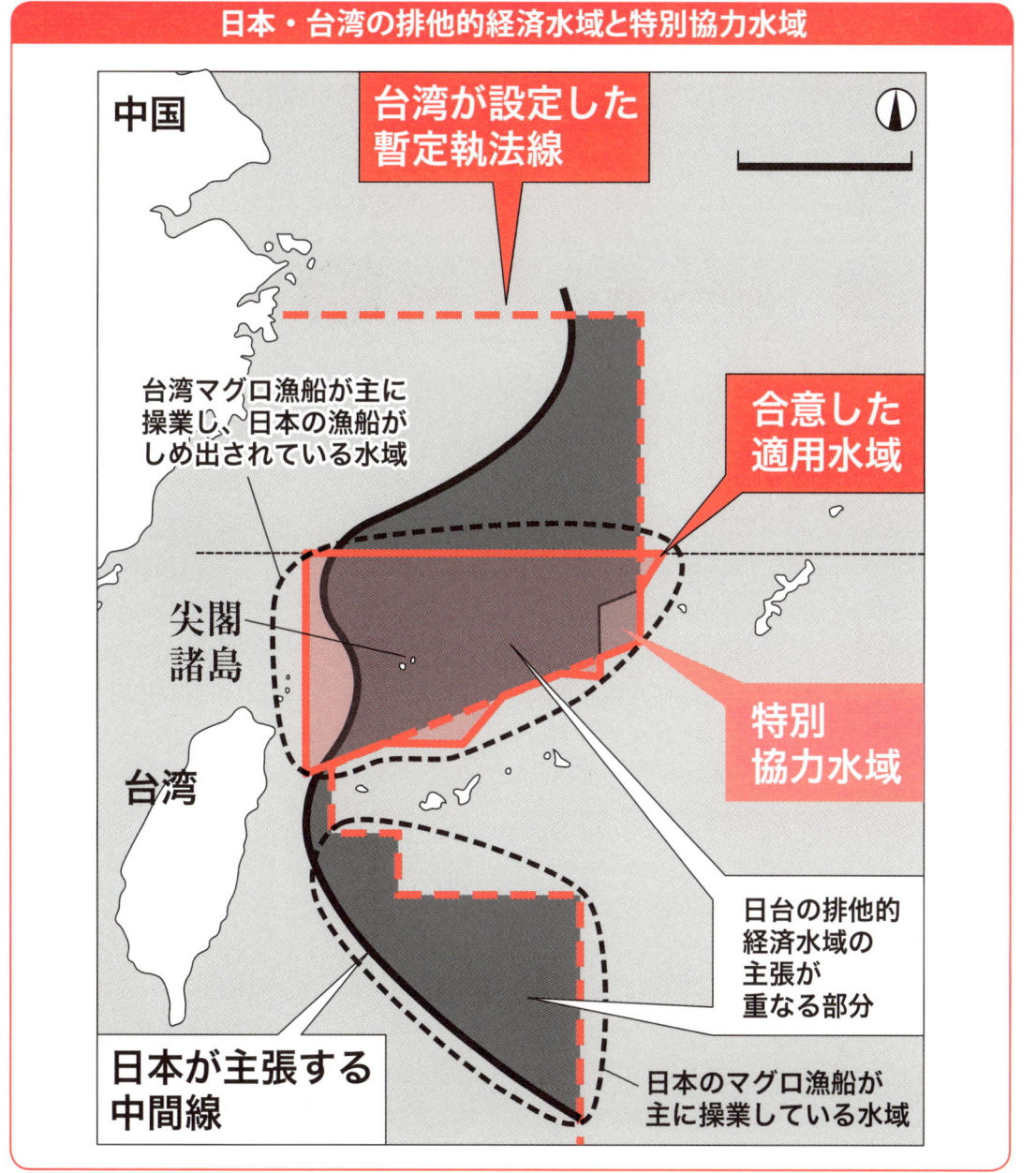

日本・台湾の排他的経済水域と特別協力水域

- 中国
- 台湾が設定した暫定執法線
- 台湾マグロ漁船が主に操業し、日本の漁船がしめ出されている水域
- 合意した適用水域
- 尖閣諸島
- 台湾
- 特別協力水域
- 日台の排他的経済水域の主張が重なる部分
- 日本が主張する中間線
- 日本のマグロ漁船が主に操業している水域

出所：台湾宣南県漁会資料ほか

第2章　尖閣諸島問題　海洋の権益と資源を狙う中国

尖閣諸島問題
尖閣諸島　日中両国の論拠
尖閣諸島領有についての日中それぞれの言い分は？

尖閣諸島の領有について、日本は「歴史的に一貫してわが国の領土」「領土問題はない」と主張している。一方、中国も「中華主義」の論理のもと、古来よりの領土であるとしている。また、日本国内にも尖閣は中国が領有すべきという論を展開する者がいた。

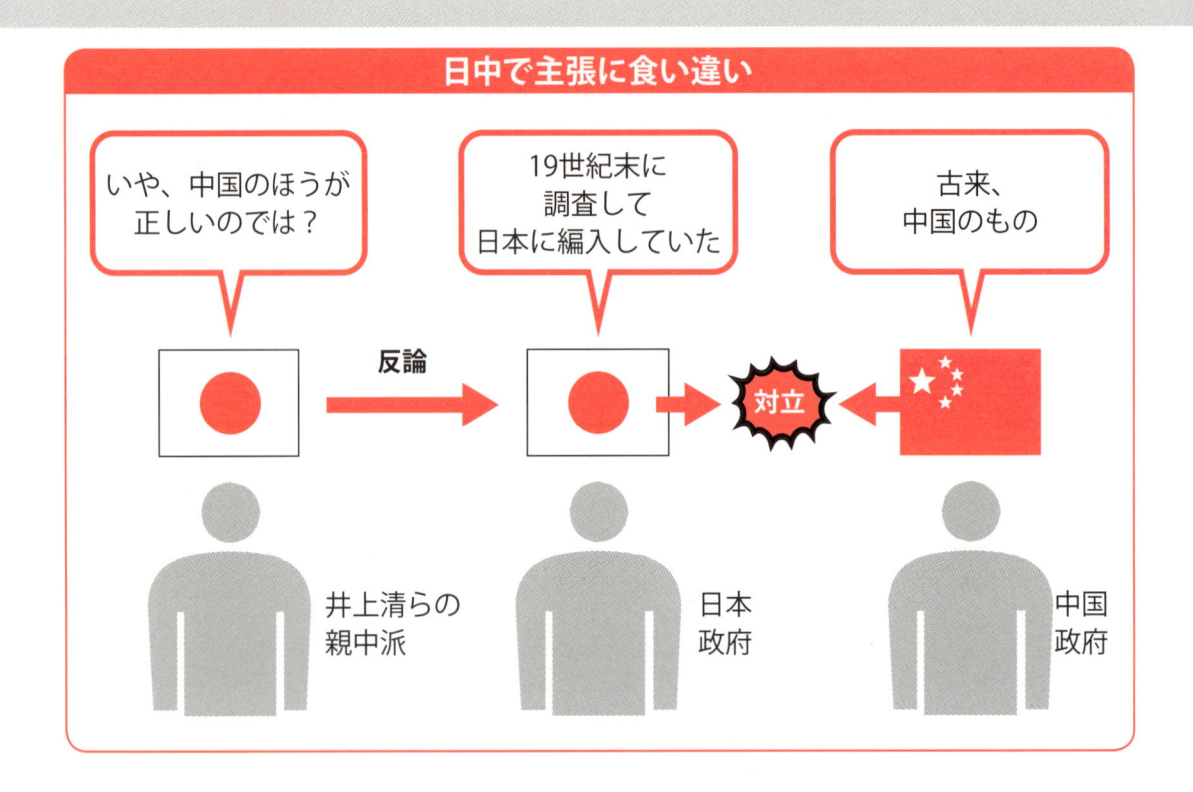

日中で主張に食い違い

- いや、中国のほうが正しいのでは？ — 井上清らの親中派
- 19世紀末に調査して日本に編入していた — 日本政府
- 古来、中国のもの — 中国政府

（日本 →反論→ 日本 →対立← 中国）

　沖縄返還交渉を前に尖閣諸島の帰属問題が提起されるなか、1971年3月日本外務省は、「**尖閣諸島の領有権問題についての統一見解**」を発表した。これが、**日本**が領有権を主張する際の論拠になっている（右図参照）。

　一方、**中国**は、「古来、中国領土」であることを主張している。最初に発見したのは中国で、釣魚島の名前を付けた。また、琉球冊封使の記録などからも、その様子がうかがえるという。

　日本人にも、中国の尖閣領有を支持する者がいた。1972年7月7日、日本の親中国団体である**日本・中国友好協会（正統）中央本部**は、「"尖閣列島をめぐる米日反動派の陰謀を粉砕しよう"のスローガンをかかげて闘う」のなかで、尖閣列島は中国の領土であるとの見解を発表した。

　また、**井上清**は「釣魚諸島は明の時代から中国領として知られ、林子平も中国領としている。したがって、無主地に対する先占の法理は成立しない」などと、中国領有論を展開した。また、日清戦争時に尖閣諸島を「かすめとり」したとも主張。これは帝国主義の発露であり、国際法的にも無効であるとした。しかし、これには**台湾事件**（台湾出兵）との混同が見られる。

日本の論拠

1971年3月、外務省「尖閣諸島の領有権問題についての統一見解」を発表

1、1885年以降、現地調査を重ねて行い、「他国（清国）の支配が及んでいる痕跡がない」ことを確認し、1895年現地に標杭を建設して、正式に日本領土に編有した。
2、「爾来、歴史的に一貫してわが国の領土たる南西諸島の一部」を構成し、1895年の下関条約で日本に帰属した台湾及び澎湖諸島には含まれない。
3、尖閣諸島は、サンフランシスコ条約で放棄した領土には含まれない。米国の施政に移管された琉球協定の下にあり、その琉球に尖閣諸島は含まれる。
4、中国も台湾も、サンフランシスコ条約に異議を唱えなかったことは、尖閣諸島が台湾の一部とは考えていなかったことの証しである。1970年東シナ海大陸棚の石油開発とともに、尖閣領有権問題が登場した。
5、中国及び台湾のいわゆる歴史的・地理的・地質的根拠の諸点は、中国の領有権主張を裏付けるに足る国際法上の有効な論拠とはいえない。

中国の論拠

1971年12月、中国政府が国連海洋法委員会で公式に主張した領土主権の論旨

（前提）
1、釣魚島などの島嶼は、古来、中国領土である。
2、中国は、台湾に付属する釣魚島などの島嶼を回復する。

その根拠は
①釣魚群島は、古来、中国の版図であって、中国が最初に発見した。琉球冊封使の記録から、それを立証できる。したがって、無主地に対する先占の原則は適用できない。
②明朝政府は、1556年これら島嶼を福建省海防区域に組み入れた。
③西太后は、この地を盛宜懐に下賜した。
④釣魚群島は、地質構造上、台湾の付属島嶼である。
⑤馬関条約（下関条約）で、台湾及び付属島嶼が日本に割譲された。釣魚島は、これに含まれるもので、戦後処理において、中国に返還されるべきである。

国内親中国派の中国領有論

日本・中国友好協会（正統）中央本部の見解

①尖閣島嶼には、日本の名称がない。中国名を使用している。
②釣魚島は無主地ではなかった。先占の法理で中国領土を日本に編入することはできない。
③日本が略取した閣議決定（1895年）は、日清戦争での「かすめとり」の決定である。
④中国がサンフランシスコ会議に参加していない以上、尖閣問題について同条約は意味を有しない。日華平和条約に、尖閣列島の放棄がなくても、「2つの中国」論で、この問題を論じることはできない。この問題は、日本と中国の問題である。したがって、日本政府の見解は「アジア侵略」の陰謀である。

井上清の見解

①釣魚諸島は、明の時代から中国領として知られ、林子平も中国領としており、したがって、無主地に対する先占の法理は成立しない。
②日本は、日清戦争で琉球の独占を確定し、釣魚諸島を盗み、公然と台湾を奪った。この日本による尖閣列島の領有と先占の法理は、帝国主義の発露であり、国際法的にも無効である。

3つの論点

[論点1] **古来、中国の領土か、先占による日本編入か** →その名称が中国名だからといって、その統治者がその土地に居住し利用していたことが、認められるわけではない。

[論点2] **中国がサンフランシスコ条約に参加していないために、同条約は有効でないのか** →そのようなことはない。ただし、日中平和友好条約の締結においては、尖閣諸島/魚釣島の合意は残された。とはいえ、その合意が成立しないからといって、平和友好条約は有効でないとはいえない。

[論点3] **日本は日清戦争で尖閣諸島を「かすめとり」したという見解「日本陰謀説」（呉天穎の見解）はどうか** →尖閣諸島の編入と台湾の接収とは、それぞれ別の事件である。日本艦隊が台湾への進出のために尖閣諸島沖に集合し台湾へ向かった経過と、尖閣諸島の編入手続きを一体にして論じるのはおかしい。

尖閣諸島問題

さらなる中国の領有主張

沖縄トラフ、琉球諸島の領有をも主張する中国

中国の領土・資源獲得のもくろみは尖閣諸島にとどまらない。中国は東シナ海の資源開発を狙い、大陸棚自然延長論にもとづき、沖縄トラフまでの領有権をも主張している。また、日本がおこなった琉球処分は合法ではないとして、琉球諸島の帰属についても主張している。

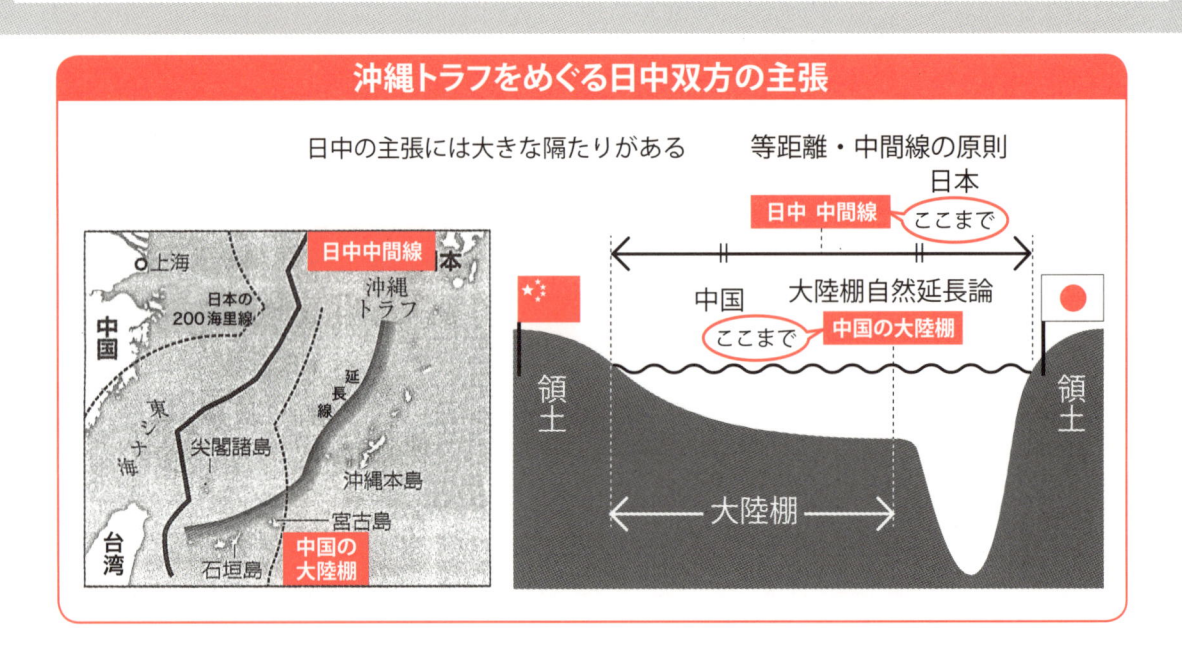

沖縄トラフをめぐる日中双方の主張

日中の主張には大きな隔たりがある　　等距離・中間線の原則

沖縄西方の**沖縄トラフ**と呼ばれる地域は、東シナ海の最も深い海域である。九州の西方から台湾島の北方まで、南西諸島・琉球諸島の西方に沿った円弧状の長さ1000キロメートル、幅100キロメートルの細長い海底の窪みで、最も深い部分は2200メートルに達する。

中国は、日本の尖閣諸島国有化直後の2012年12月14日、国連大陸棚限界委員会に、「東シナ海の大陸棚は中国の沿岸から200海里を超えて沖縄トラフまで」と、**大陸棚自然延長論**に基づき、延伸を求める境界画定の要求を提出した。同案は、「地形と地質的な特徴から東海の大陸棚は中国の陸地から自然に延びたもので、沖縄トラフはその終点にある」としており、大陸棚の延長による排他的経済水域の拡大延長、及び尖閣諸島水域の囲い込みを目的としている。

一方、**日本**は、国連海洋法条約の関連規定に基づき**等距離・中間線の原則**にしたがう排他的経済水域を主張している。

中国は、日中中間線以西において、2000年代以降、天然資源開発に着手した。このため2008年、日・中両国は、共同開発に合意し、具体的な合意を煮詰めることになった。しかし、中国は実務交渉に極めて消極的で、一方的に鉱区開発を進めている。

また、中国は琉球諸島（沖縄の別名）の領有も主張している。日本の行った琉球処分は合法ではないとしており、それは、それ以前、琉球王国が中国と薩摩藩との両属関係にあった経緯を持ち出しての主張である。

琉球諸島の歴史的経緯

	主な出来事
753年	遣唐使一行が阿児余波島（沖縄島）に漂着したとの記録。
1429年	尚巴志が三山を統一し、**琉球王国**が誕生。16世紀、鄭若曾の『琉球図説』の「琉球国図」に釣魚島がある。
1609年	島津氏が侵攻し、**薩摩藩**の支配下に置く。
1871年8月	日本政府は**廃藩置県**で琉球諸島を鹿児島県の管轄とする。
1872年10月	日本政府、琉球の改革で、琉球王国の対外的権利を剥奪し、国王尚泰を**琉球藩王**とした。
1874年	**台湾事件**（台湾出兵）。
1875年6月	日本政府、9項目の琉球処分を突き付ける。
1876年9月	琉球藩は清との関係を断ち切らないよう訴えるも、政府は拒否。
1879年3月	首里城からの立ち退きを含む太政大臣通告。
1879年4月4日	琉球藩を廃し、**沖縄県**設置。

- それ以前は、中山・南山・北山の三山にわかれて抗争していた。
- その後しばらく琉球王国は、薩摩藩と中国（清）に両属する状態が続く。
- 琉球人の中国派はその命に従わず、中国との関係維持などを訴えた。
- 台湾事件を機に日本が交渉を有利に進めた。
- 先島諸島（宮古列島・八重山列島）を清国領とする分島改約案（先島諸島割譲案）も作成されたが、琉球帰属問題が棚上げとなったため、琉球王国領全域が日本領となった。

琉球処分とは

琉球処分 沖縄に対する廃藩置県。琉球王国を廃し、沖縄県に。

- 1872年、日本外務省が、琉球王国を琉球藩として設置する
  - 反対：中国／琉球の中国派の人々
- 1874年 台湾事件
  - 日本の交渉が有利に
- 1879年 琉球藩の廃止
  - 中国人「法的に間違った編入」批判抗議している

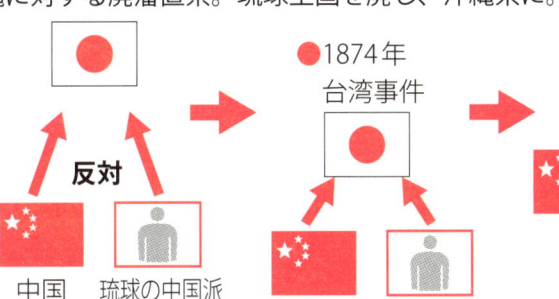

台湾事件とは

① 1871年、琉球藩民66名が台湾に漂着

② うち54名が現地住民に殺害される 1873年には船員の略奪も起きている（牡丹社事件）

③ 日本は中国（清）に事態を問いただしたが、中国は統治の及ばない領域（化外）の事件だとした。

④ 1873年、この事件の報復に、日本は台湾に出兵、制圧

⑤ 1874年、琉球に対して清との冊封関係廃止 明治元号の使用を命令

琉球の帰属に関して有利に

尖閣諸島の帰属とは直接関係がない

第2章 尖閣諸島問題 海洋の権益と資源を狙う中国

尖閣諸島問題

尖閣問題、今後への提言
尖閣諸島の領有確立と東シナ海・南西諸島の安全確保のために

尖閣問題に関しては、日本の実効的統治を確立したうえで、中国と対話しつつ、南西諸島地域の安全保障体制を確立することが求められている。

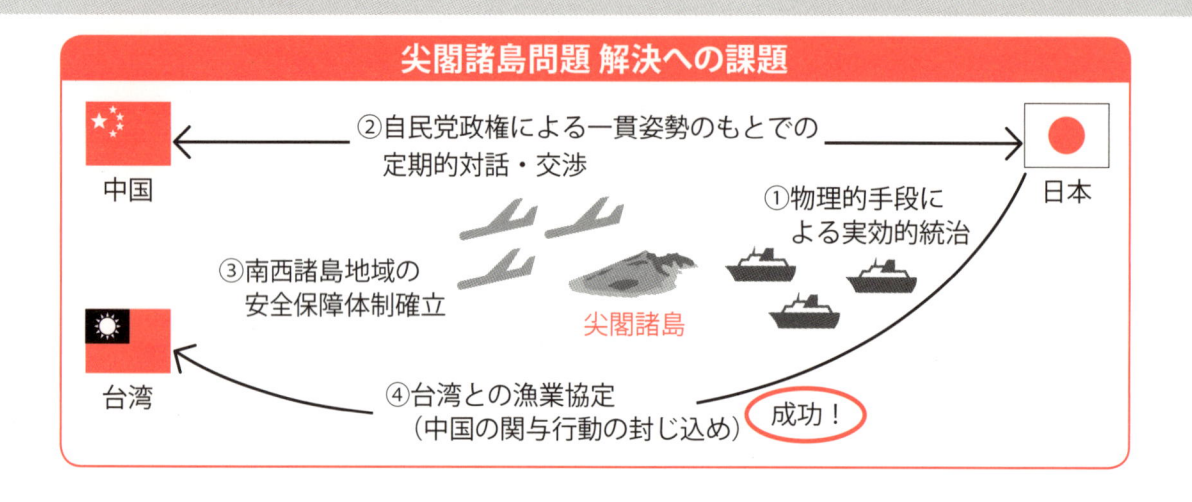

尖閣諸島問題 解決への課題

- 中国
- ②自民党政権による一貫姿勢のもとでの定期的対話・交渉
- 日本
- ①物理的手段による実効的統治
- ③南西諸島地域の安全保障体制確立
- 尖閣諸島
- ④台湾との漁業協定（中国の関与行動の封じ込め）
- 成功！
- 台湾

今後における尖閣問題の処理に関しては、以下の点が考えられる。

1．日本の実効的統治の確立

尖閣諸島は、明確に、物理的手段による実効的な統治が確立されねばならない。

2．日・中の定期対話と交渉を維持

中国は、釣魚島を自国領土としており、その支配を確認するための警備行動・その他物理的手段を含む行使を強めるだろう。民主党政権のもとで妥協した点を改め、国益に基づいた行動を、中国に対し一貫してとる必要がある。そのためには、日・中両国の定期対話と交渉を維持する必要がある。

3．南西諸島地域の安全保障体制を確立

これら尖閣諸島の安全を確保・維持するための島嶼防衛戦略が確立されなくてはならない。自民党政権下でその対処は進んでいる。

4．台湾との漁業協定

南西諸島海域は台湾漁民の世界でもあり、共存のために適切な取決めを確立する必要がある。これは成功した。

釣魚列嶼を自国領土とする中国の態度は変わらない。中国外交部は2012年9月以降、一貫して「日本の船や飛行機は支配する領海や領空に幾度となく進入している」と非難声明を発している。そのうえで領空・領海侵犯を続けている。こうした事態の常態化を懸念した日本の抗議に対して、中国は、領海への進入とともに、「釣魚島は中国固有の領土で、中国機が飛行するのは完全に正常なことである」との外交部声明を出している。

こうした事態に対して、2014年5月、オバマ大統領は訪日の際、2013年会計年度国防権限法案に、沖縄県の尖閣諸島は日本の施政下にあり、日米安全保障条約の適用対象にあることを確認した。

参考　東シナ海の大陸棚石油資源

海域	採掘可能量	(億バレル)		埋蔵量		(億バレル)
	最低	中間	最高	最低	中間	最高
渤海	13	35	131	52	140	529
黄海	16	42	158	64	168	632
東シナ海　浅部	1	21	600	4	85	2400
東シナ海　深部	37	104	1750	148	4416	7000
台湾海峡	8	10	23	32	135	304

中国が東シナ海の大陸棚資源を狙っている

東シナ海海域における日中の石油・天然ガス開発

	主な出来事
1961年	大見謝恒寿が沖縄・宮古島・八重山島周辺海域の石油・天然ガス調査に着手。
1968年	ECAFE海域アジア海域沿岸海底鉱物資源共同調査委員会CCOPが尖閣諸島海域を含む東シナ海海域での海底資源調査を実施。
1969年	ECAFR/CCOPの調査結果が公表される。**石油資源**が確認される。
1970年代	**中国**がこの大陸棚海域での資源開発に着手。
1995年	中国国務院地質鉱山局上海地質調査局が日本の石油企業に対して日中中間線の日本側大陸棚開発に関する**共同調査**を申し入れ。
1995年6月	日中中間線の日本側の、奄美大島から尖閣諸島までの海域（沖縄トラフを包む形地）での大規模な資源調査を実施。
2003年8月	中国が日中境界線に隣接する春暁油田の本格的開発に着手。
2004年5月	春暁ガス田に中国施設が完成。
2005年2月	中国海洋石油が石油開発を開始。資源エネルギー庁の調査結果を中国側が認める。
2005年7月	日本は帝国石油に試掘権を認める。
2005年10月	中国は日本に共同開発を提案。日中中間線の日本側領域のみを対象としているため、日本は拒否。
2008年6月	両国は、(1) 白樺（春暁）開発に日本も参加する、(2) 翌檜（龍井）南側の日中中間線を跨ぐ海域の共同開発区域で共同開発に入るとの合意。
2008年7月	中国側が一方的な生産を継続している事実が発覚。
2010年5月	中国の海洋調査船が日本の排他的経済水域に立ち入り、調査中の海上保安庁測量船に対し、調査中止を要求。
2010年5月	鳩山由紀夫（当時）、共同開発ではなく資本の出資協力に応じ、日本はその対価を求めないと発表。

日中中間線の日本側は日本の主権下にあり、既に4つの企業による石油開発の申請があるので、共同調査はできない、と回答

以来、中国調査船の激しい日本領海侵犯が続く。日本は対立回避に努め、事態を静観した。

日本の資源エネルギー庁は同年7月、この海域での資源調査を実施し、中国の春暁と断橋の2つのガス田は日本側の排他的経済水域にまで続いていることが判明。

以来、中国調査船の激しい日本領海侵犯が続く。日本は対立回避に努め、事態を静観した。

日本の国境を形成する島々② 南西諸島

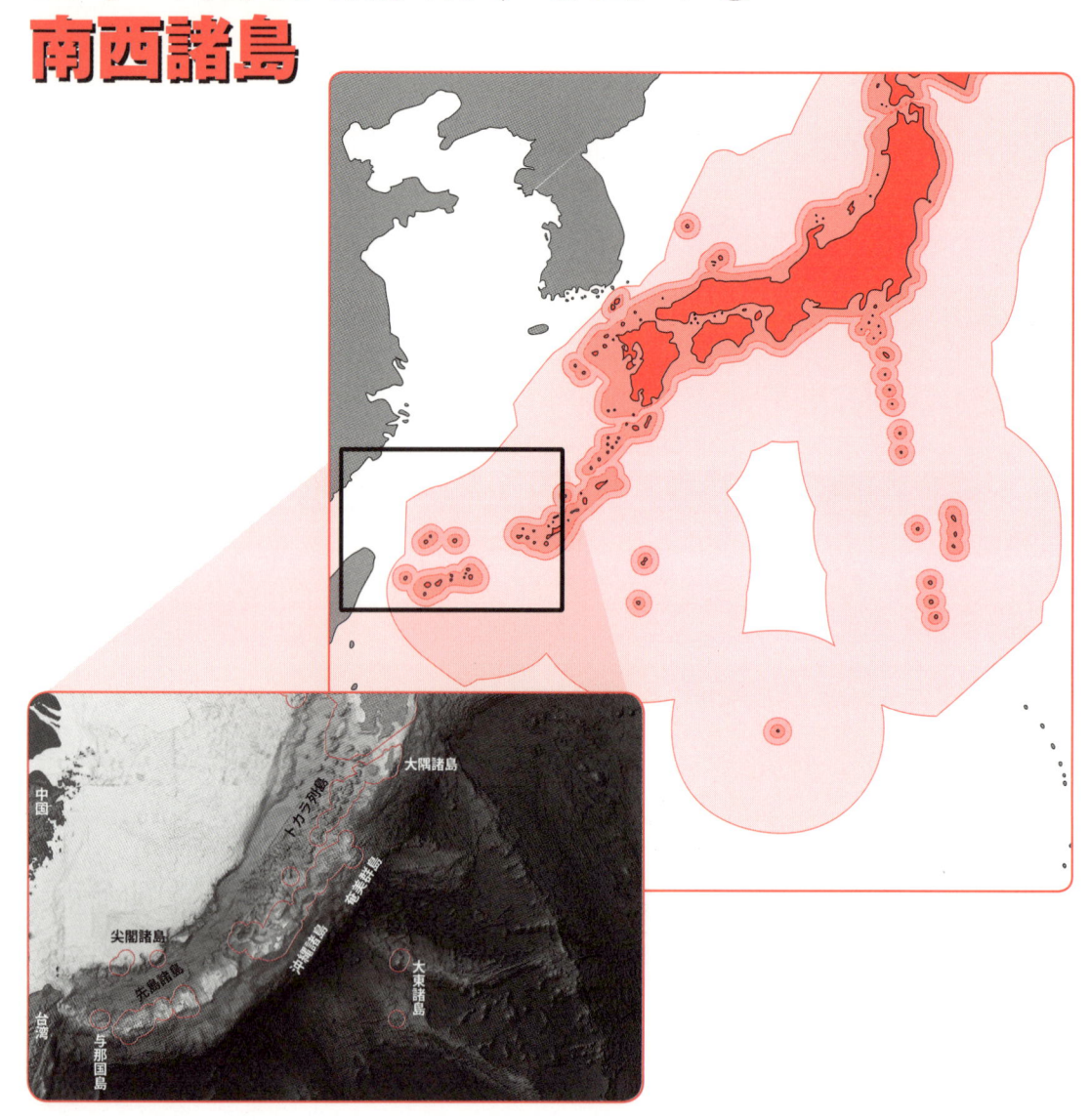

　南西諸島は、大隅諸島、トカラ列島、奄美群島（以上は鹿児島県に属する）、沖縄諸島、宮古列島、八重山列島、大東諸島、尖閣諸島（以上は沖縄県に属する）から成る九州南端から台湾北東にかけての島嶼群である。宮古列島と八重山列島を合わせて先島諸島と呼ぶ。また、沖縄諸島と先島諸島とを合わせて琉球諸島と呼ぶ（奄美群島および、大東諸島を含める場合とそうでない場合がある）。

　宮古列島・八重山列島の先島諸島は、沖縄諸島に成立した琉球王国の支配下に入り（奄美群島も琉球王国の支配下となった時期がある）、後に琉球藩（沖縄県）に属することになった。大東諸島は明治期まで無人島であった。

　第二次世界大戦後、大隅諸島を除き、これらの島々は米国の統治下にあったが、1952年2月にトカラ列島、1953年12月に奄美群島が、そして1972年5月に沖縄諸島、宮古列島、八重山列島、大東諸島、尖閣諸島が日本に返還された。

第**3**章

竹島問題
**韓国の
実効支配が続く**

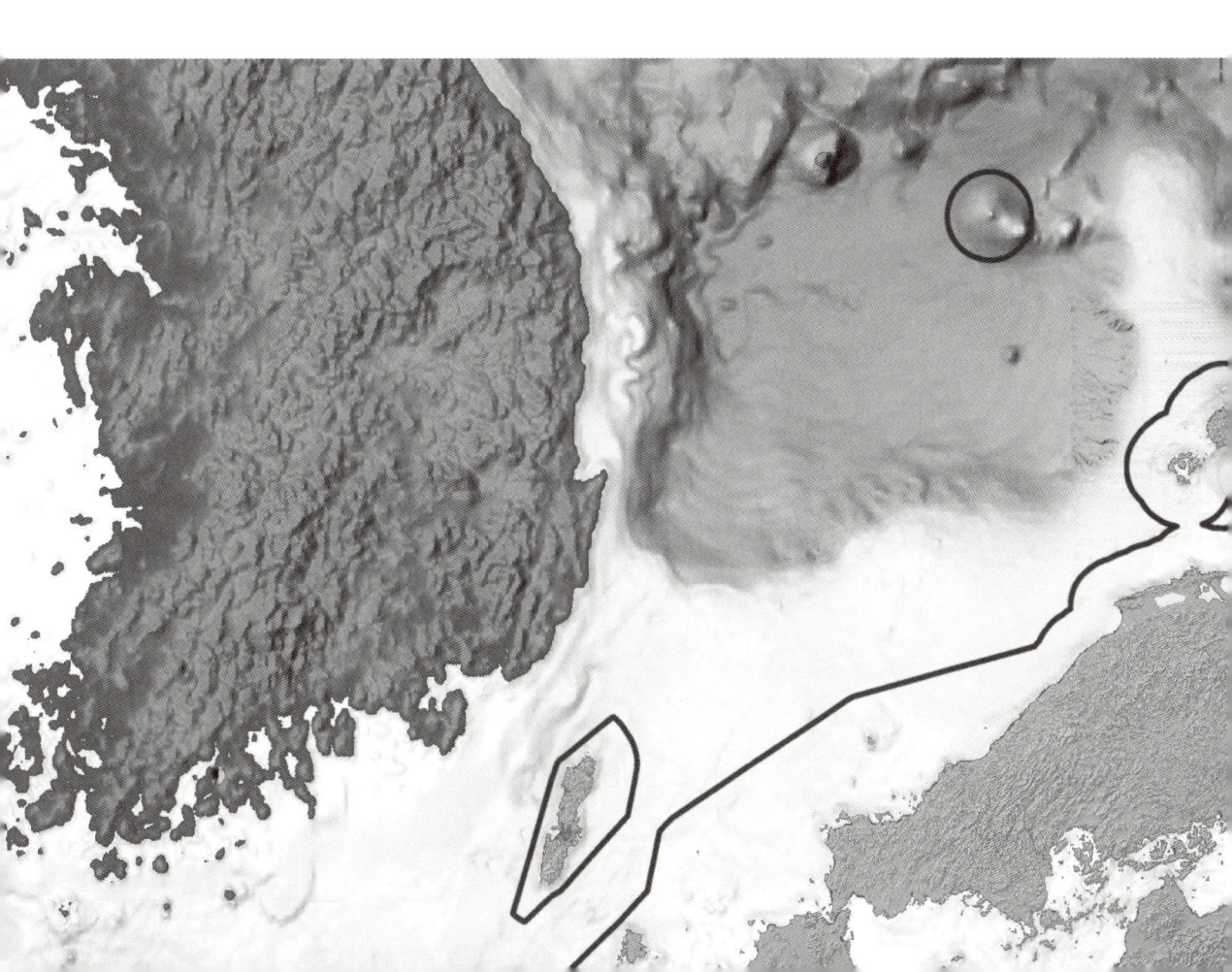

竹島問題

竹島問題を語るポイント

韓国が武力によって駐屯、実効支配されるに至った竹島

竹島の領有権をめぐる韓国との対立は1951年に表面化した。日本政府は竹島について、一貫して「我が国固有の領土」であるとの立場をとるが、韓国による武装化、実効支配を受けているのが現状だ。

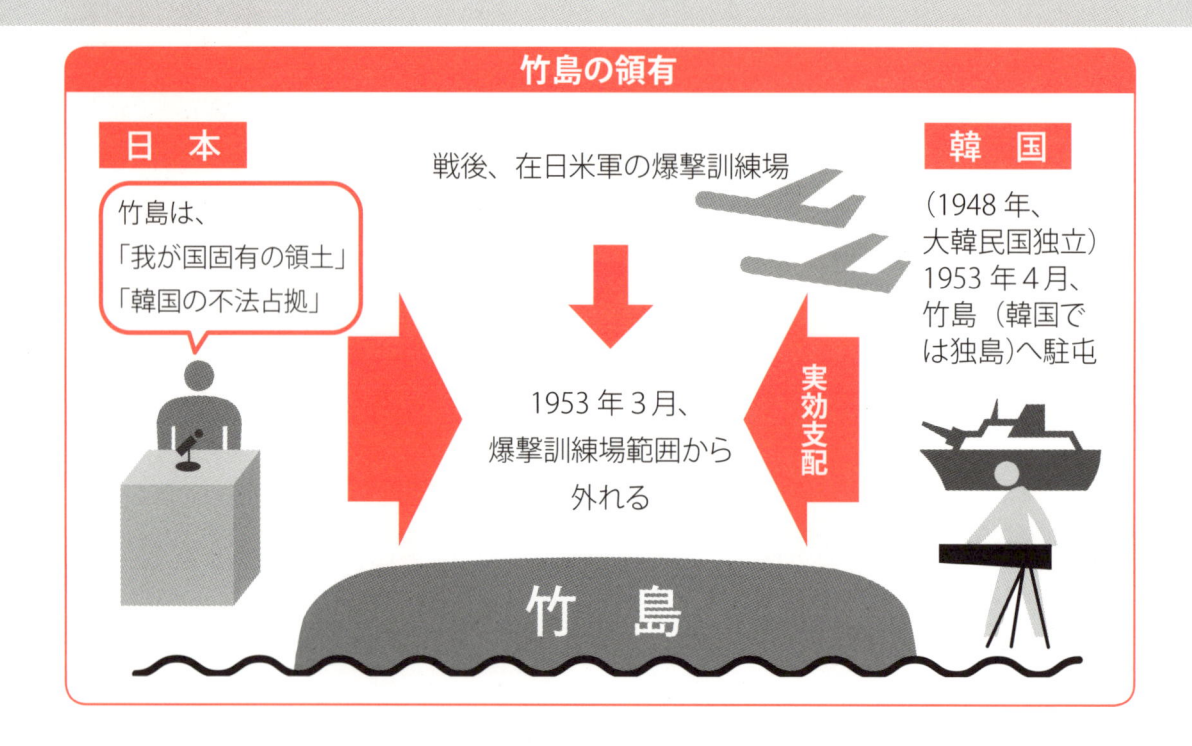

竹島の領有

日本
竹島は、
「我が国固有の領土」
「韓国の不法占拠」

戦後、在日米軍の爆撃訓練場

1953年3月、爆撃訓練場範囲から外れる

韓国
（1948年、大韓民国独立）
1953年4月、竹島（韓国では独島）へ駐屯

実効支配

竹島

竹島の領有権に対する日本の立場について、1951年7月の問題化以来、一貫して外務省は、以下の通り表明している。

1、竹島は、歴史的事実に照らしても、かつ国際法上も、明らかに**我が国固有の領土**です。
2、韓国による竹島の占拠は、国際法上何ら根拠がないまま行われている**不法占拠**であり、韓国がこのような不法占拠に基づいて竹島に対して行ういかなる措置も、法的な正当性を有するものではありません。

韓国側からは、我が国が竹島を実効的に支配し、領有権を確立した以前に、韓国が同島を実効的に支配していたことを示す明確な根拠は提示されていません。

竹島は、**韓国**では**独島**といい、大韓民国の独立後に領土要求が持ち出され、古来から韓国領土であったとの学説が**ナショナリズム運動**の一環として展開された。そして1953年4月、韓国の独島義勇守備隊が竹島に駐屯した。以後、日本の抗議を韓国は拒否している。竹島の強行支配は、韓国政権の維持に役立っている面が強い。

なお、竹島領有をめぐっては、日本国内においても、一部の人が韓国の立場を支持し、その見解が対立している。

竹島のプロフィール

- ●日本本土、韓国本土からほぼ等距離にある竹島
  - ・隠岐諸島からは157km、韓国領の鬱陵島からは92km離れている。

- ・西島（男島）と東島（女島）の2つの島から成る。
- ・日本では、竹島は「松島」「磯竹島」とも呼ばれる。
- ・韓国では、現在は「独島」と呼ばれる。
- ・韓国は否定しているが、鬱陵島との混乱が見られる。

- ●竹島には、朝鮮人も日本人も古くから往来していた。
  - ・1905年1月、先占の原則に従う日本支配を確認し、のち日本の朝鮮併合で問題は解消された。

竹島問題の主な経緯

年月	主な出来事	備考
	もともと、日本も韓国も竹島への往来があった。	
1432年	『世宗實録』に「于山（獨島）・武陵（鬱陵）の2島は離れておらず、**獨島**は鬱陵島に属するとの記述。	17世紀半ばには竹島の領有を確立
1451年	『高麗史』に**于山島**の記述。	
1618年	**江戸幕府**、竹島への渡海免許状を下付。漁採地として竹島を利用する。	鬱陵島（竹島）を外国領と認識したわけではなく、住民同士のトラブル回避のための措置
1635年	幕府、竹島への**渡航禁止措置**。	
1693年	不法に鬱陵島へ渡り漁労をしていた**安龍福**が日本へ連行され、後に朝鮮へ送還される。	
1696年	安龍福が再び日本へ渡り、鬱陵島と于山島は朝鮮の領土だと主張。帰国後、朝鮮政府に捕えられ、流罪となる。	現在の韓国では、独島の韓国領有の証拠のひとつとされているが、于山島が独島かどうかは明らかでない
1905年	「竹島の島根県編入に対する閣議決定」。**先占の法理**をもって日本領に。	
1946年6月	日本政府、『Minor Island Adjacent Japan Proper』に「竹島は日本固有の領土」と明記。	サンフランシスコ平和条約の起草段階で、韓国が領土主張したが、日本領土として残った。
1947年8月	朝鮮山岳会、竹島を調査。	
1948年8月5日	**李承晩**の意を受けて、**愛国老人会**がマッカーサー連合軍最高司令官に、独島、波浪島、及び対馬が韓国領土であるとの**請願書**を提出。	
1951年7月	韓国・李政権がダレス米国務省顧問へ竹島を日本が放棄することを含む要望書を提出。	以後たびたび、日本漁船や海上保安庁巡視艇などに対して発砲。武力による周辺海域の実効支配を進める
1952年	韓国、李ライン宣言。マッカーサー・ライン・李ライン・資源漁業法によって竹島を囲い込み。米国の同意なしに「アメリカが独島は韓国領と認めた」などと発言。	
1953年3月	戦後、爆撃訓練場となっていた竹島が、その範囲から外れる。	竹島を武装化し、実効支配を行う
4月	韓国の独島義勇守備隊が**竹島に駐屯**。	
1954年9月25日	日本は韓国に**国際司法裁判所**への付託を提案。翌10月に韓国は拒否。	
1962年3月	日韓外相会談で、小坂善太郎日本外相が国際司法裁判所への付託を再提案するも韓国は拒否。	以後、韓国は竹島に関する交渉を拒否
11月	大平正芳外相が再々提案するも韓国は拒否	
1965年6月	日韓基本条約調印。交渉の中で、竹島問題について「解決せざるをもって、解決したとみなす」との秘密合意が成立。	日本は抗議するも、韓国は聞き入れない
1977年2月5日	福田赳夫首相が竹島は**日本固有の領土**と発言。	
1995年2月	韓国が、独島に接岸できる埠頭工事を強行。	日本は抗議し、韓国は反発。論争に発展した。
2012年8月	**李明博韓国大統領**、独島を訪問して統治を内外に誇示。	

第3章　竹島問題　韓国の実効支配が続く

竹島問題 — 竹島領有紛争①
韓国の竹島囲い込みの経過

戦後、韓国は李承晩や愛国老人会によって竹島が韓国領であるという請願書を提出するなど、駐屯に向けての活動を行った。一方、日本は「領土問題はない」として特段の対応措置はとらなかった。韓国が内政干渉だと反発していたからである。

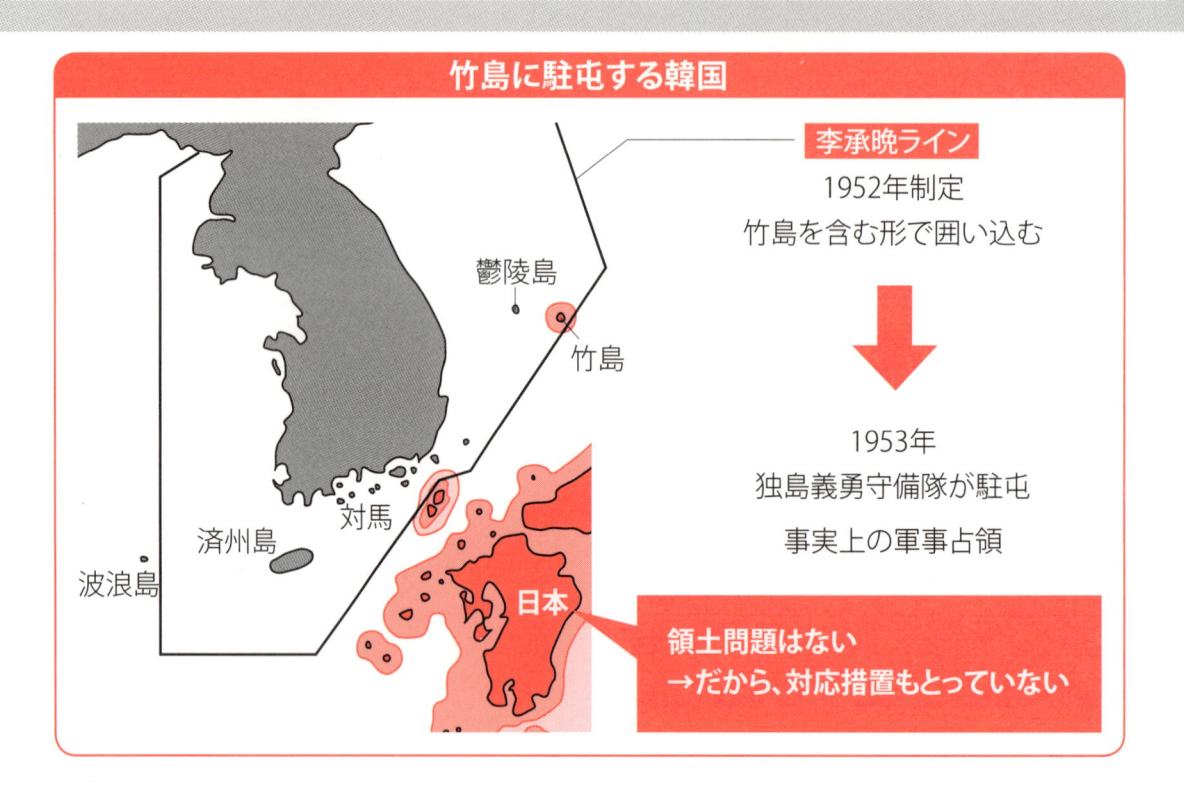

竹島に駐屯する韓国

李承晩ライン
1952年制定
竹島を含む形で囲い込む
↓
1953年
独島義勇守備隊が駐屯
事実上の軍事占領

領土問題はない
→だから、対応措置もとっていない

（地図中の地名：鬱陵島、竹島、対馬、済州島、波浪島、日本）

韓国は、大韓民国の独立直前の1948年8月5日、**李承晩**の意を受けて、愛国老人会（韓国の社会団体。60歳以上のメンバーで構成）がマッカーサー連合軍最高司令官に、独島、波浪島、及び対馬が韓国領土であるとの**請願書**を提出した。

韓国は1952年にマッカーサー・ライン及び李ライン、そして資源漁業法で竹島を囲い込み、翌年4月20日に独島義勇守備隊が竹島に駐屯した。

これに対して、**日本**は「領土問題はない」として対応措置は取らなかった。海上保安庁も、竹島の独島守備隊による独島の武装化に対して、近海における漁民の保護をしてきていない。日本政府の抗議に対して、韓国は内政干渉であると厳しく反発していたからである。

竹島の領有を巡って、日本は1954年と1962年に**国際司法裁判所**に提訴を試みたが、いずれも韓国側に拒否された。裁判を行うのには韓国の同意が必要であるうえ、韓国は「提訴に応じる義務を負う」という選択条項受諾宣言を受け入れていない。そのため、韓国を強制的に国際司法の場に出すことができず、第三者による解決の試みも行われていない。

第二次世界大戦後、韓国が竹島へ駐屯するまでの流れ

	主な出来事
1945年8月	日本、ポツダム宣言受諾。連合国の占領下に。
1946年6月	日本政府、『Minor Island Adjacent Japan Proper』に「竹島は日本固有の領土」と明記。
9月	竹島が在日米軍の爆撃訓練場となる。
1947年	サンフランシスコ平和条約起草が始まる。
1948年8月5日	李承晩の意を受けた愛国老人会がマッカーサー連合軍最高司令官に、独島、波浪島、及び対馬が韓国領土であるとの請願書を提出。
8月15日	李承晩を初代大統領とする大韓民国が樹立。
1951年7月	韓国、ダレス米国務省顧問へ竹島を日本が放棄することを含む要望書を提出。
1952年	韓国、**李ライン**宣言。マッカーサー・ライン・李ライン・資源漁業法によって竹島を囲い込み。
1953年1月	韓国、李ライン内に出漁した日本漁船の徹底拿捕を指示。
2月27日	韓国、米国の同意なしに「アメリカが独島は韓国領と認めた」などと発言。
3月	戦後、爆撃訓練場となっていた竹島が、その範囲から外れる。
4月	韓国の独島義勇守備隊が**竹島に駐屯**。

> 1949年11月～12月の段階で、韓国が領土主張したが、日本領土として残った。

> 2月4日、済洲島付近で日本漁船に韓国軍の銃撃事件（第一大邦丸事件）。

> 竹島を武装化し、実効支配を行う

竹島紛争と漁業水域

韓国、李ラインを設定（1952年1月）
隠岐・韓国周辺の海域に一方的に設定された。
↓日韓国交樹立

日韓漁業協定（1965年6月）
国交樹立と同時に漁業協定を締結。・・・それに伴い李ライン廃止
この海域の正常な漁業活動が復活。
↓共同規制水域での混乱が続発。さらに竹島の紛争も。
日本は韓国に協定の終了を通告。
漁業協定終了（1998年1月）
↓

新漁業協定に調印（1998年11月）
排他的経済水域を設定。・・・竹島を除いた海域の中間線付近に暫定水域を設ける。
この水域内では日韓双方が操業条件を定め、違法操業の取り締まりができるように。
↓

しかし……
実際には、暫定水域で韓国漁船が乱獲を行い、資源が枯渇すると、今度は日本の排他的経済水域で違法操業するという結果に。
↓

韓国の姿勢硬化（2006年4月）
韓国は日本に対し、独島周辺の排他的経済水域で海上保安庁測量船が海洋調査を強行すれば、あらゆる手段で阻止すると通告。
盧武鉉韓国大統領は、さらに日本の調査には物理的抵抗をとるという強行姿勢を確認した。

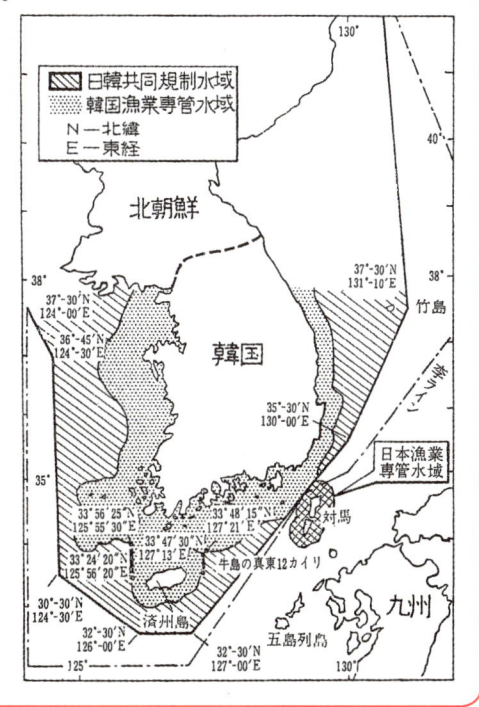

竹島問題

竹島領有紛争②
日韓基本条約成立後も解決しない竹島問題

日韓基本条約でも、竹島領有問題は解決せず、棚上げになった。韓国は「国際司法裁判所で竹島は日本のものだという判決が出たら、すべて爆破してでも、日本に渡すつもりはない！」と強気の姿勢を崩さなかった。

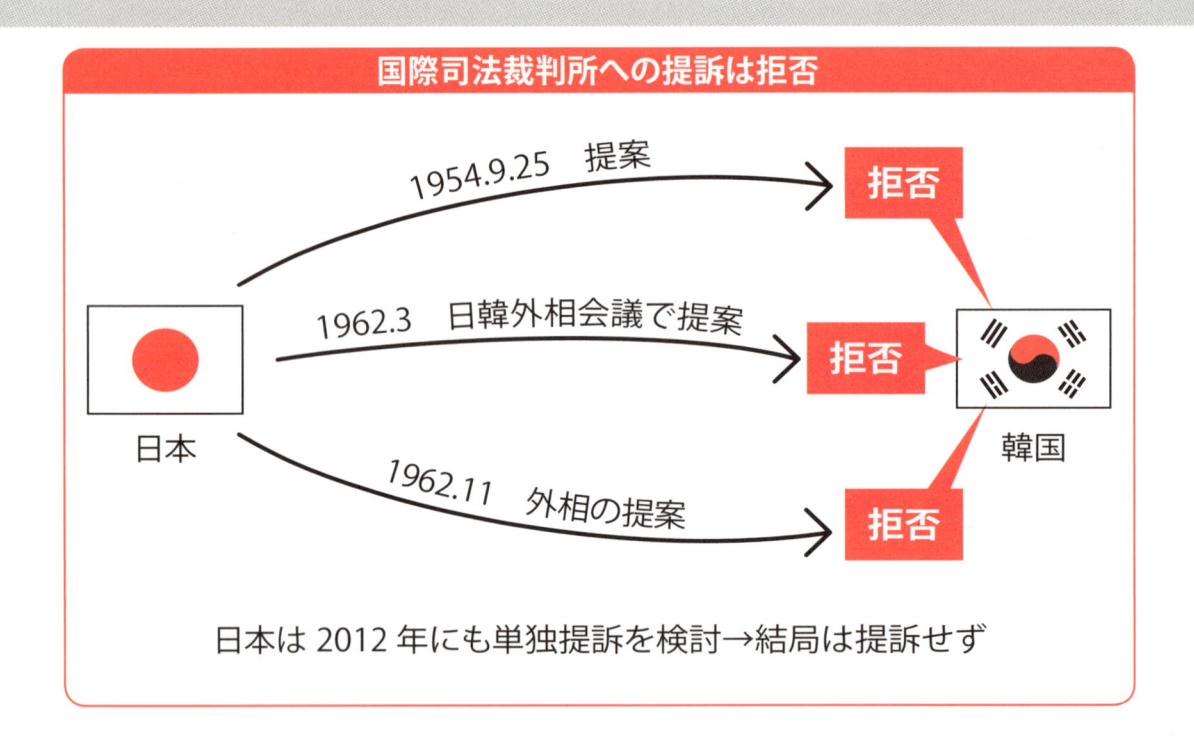

国際司法裁判所への提訴は拒否

日本 →
- 1954.9.25 提案 → 拒否
- 1962.3 日韓外相会議で提案 → 拒否
- 1962.11 外相の提案 → 拒否

→ 韓国

日本は2012年にも単独提訴を検討→結局は提訴せず

　1965年の**日韓基本条約**が成立したことによって、竹島領有問題は、紛争処理事項の対象とされないままに終わり、棚上げとなった。その解決が難しいことは、韓国の交渉当事者、金鍾泌韓国中央情報部長が十分理解していた。

　金鍾泌部長は、1962年の日本との会談後に訪米し、ラスク米国務長官との会談で、独島はどう使用されているかとの質問に答えて「私は独島破壊提案を日本側に提案した」と発言した。

　1996年12月、韓国内部で、この独島爆破提案説が問題になったとき、金鍾泌自由民主連合総裁は、「日本には、絶対に独島を渡すことはできないとの意志の表現であった」と弁明した。さらに、彼は、国際司法裁判所で日本のものだとの判決が出たら、すべて爆破しなくてはならないし、そうしてでも、相手に渡すつもりがないと、その真意を回想した。米国の外交文書にも、ニュアンスは違うが、同じ記録がある。

　2005年、**島根県議**会が「竹島の日」制定条例を可決した。これに対し、盧武鉉大統領は対日関係に関する国民向け談話「最近の韓日関係に関して国民の皆さんに述べる言葉」を発表。そこで指摘されたのは、日本との外交戦争に突入するという決意だった。

「竹島の日」と韓国の反応

**2005年2月22日
島根県が「竹島の日」制定**

島根県の竹島編入100周年を記念したもの

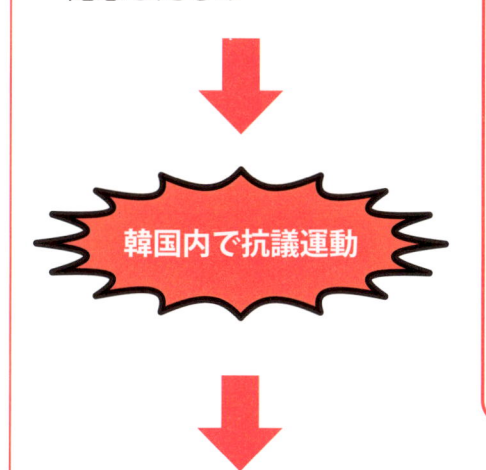

⬇

韓国内で抗議運動

⬇

竹島の日を定める条例（平成17年3月25日島根県条例第36号）

（趣旨）
第1条　県民、市町村及び県が一体となって、竹島の領土権の早期確立を目指した運動を推進し、竹島問題についての国民世論の啓発を図るため、竹島の日を定める。

（竹島の日）
第2条　竹島の日は、2月22日とする。

（県の責務）
第3条　県は、竹島の日の趣旨にふさわしい取組を推進するため、必要な施策を講ずるよう努めるものとする。

附　則　この条例は、公布の日から施行する。

盧武鉉大統領「最近の韓日関係に関して国民の皆さんに述べる言葉」（要旨）2005年

「（小泉首相の靖国神社参拝、竹島の日制定、歴史教科書の歪曲などは）日本のこれまでの反省と謝罪をすべて白紙に戻す行為で、われわれに過去を想起させ、未来を不安にさせる行為である。韓半島と北東アジアの未来がかかわった問題であるため、侵略と支配の歴史を正当化し、再び覇権主義を貫徹せんとする意図を、これ以上黙ってはおられない。政府も、今や断固、対応せざるをえない。日本との厳しい外交戦争もありうるだろう。今回こそは、必ず根絶やしにする。われわれは、勝利するだろう」

「中央日報」（3月23日）

「韓日関係を取戻しのつかない最悪の関係に追いやることは、事態の収拾につながらない。短期的には韓国国民の感情的な支持を得ることがあろうが、長期的に韓国と韓国大統領に負担をかけることになる」と批判

竹島問題の国際司法裁判所への提訴の働きかけ

	主な出来事
1954年9月25日	日本は韓国に**国際司法裁判所**への付託を提案。翌10月に韓国は拒否。
1962年3月	日韓外相会談で、小坂善太郎日本外相が再提案するも韓国は拒否。
11月	大平正芳外相が提案するも韓国は拒否。
2012年8月	李明博大統領が竹島に上陸したことを受け、単独提訴を検討、民主党政権は提訴せずと断定。

竹島問題　竹島領有紛争③

李明博韓国大統領の竹島上陸事件と竹島放棄論

2012年8月10日、李明博韓国大統領が独島訪問。さらに天皇発言や親書の受理拒否など、韓国は前代未聞の行動を取った。日韓関係はいっそう冷え込んだ。李大統領の行動は、国民の支持を得るためのパフォーマンスだった。

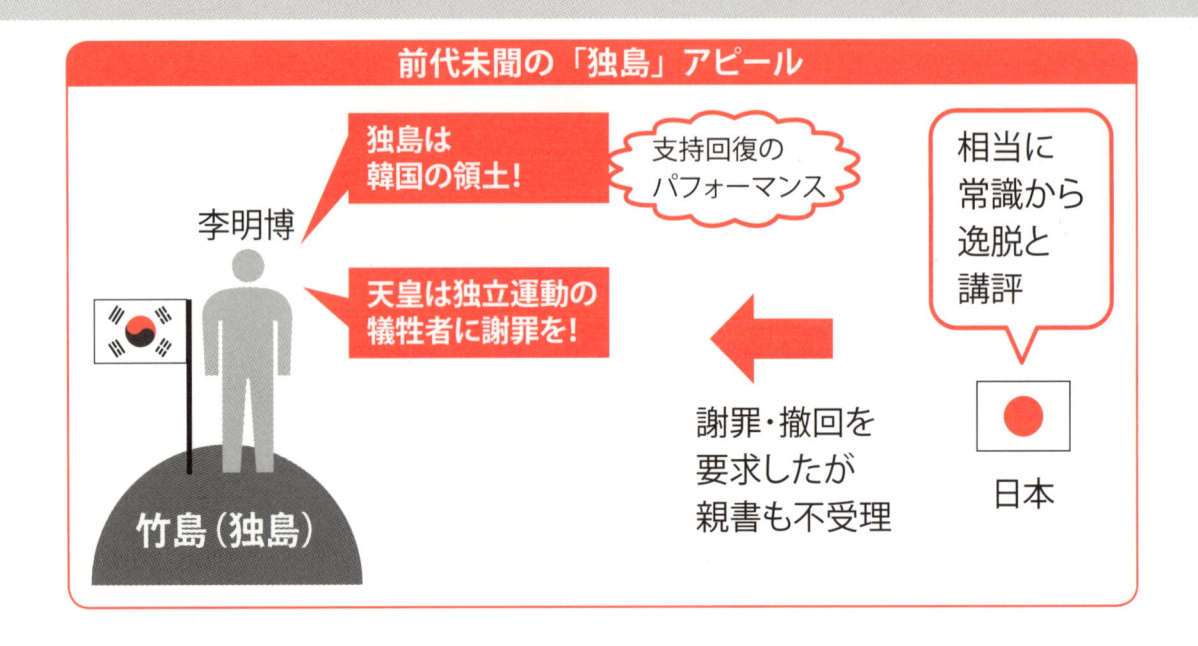

前代未聞の「独島」アピール

李明博
- 独島は韓国の領土！
- 天皇は独立運動の犠牲者に謝罪を！

支持回復のパフォーマンス

竹島（独島）

謝罪・撤回を要求したが親書も不受理

相当に常識から逸脱と講評

日本

2012年8月10日、**李明博韓国大統領**が民族ナショナリズムに訴え、国民支持を回復する方策として、独島を訪問した。14日には「天皇陛下が韓国を訪問するなら、独立運動の犠牲者の前にまず謝罪すべきである」と発言した。

この発言は、日本人の間に厳しい反発を生み出した。野田佳彦首相は同大統領の発言は「相当、常識から逸脱している」と述べ、謝罪と撤回を求める考えを示した。しかし、日本の抗議に、韓国政府は、親書の受理も拒否し、その強い態度を貫き通した。

8月24日、**衆議院**は、李明博韓国大統領の竹島上陸と天皇陛下に関する発言に抗議する決議を採択した。同日、野田首相は記者会見で、韓国の不当な領土主権への干渉を指摘した。同日、これに対し、韓国は、首相発言の撤回を求めた。

当時、政権にあった**民主党**には、日本の**竹島放棄論**への支持が目立つ。日韓キリスト教議員連盟日本側会長の土肥隆一衆議院議員は「日本政府は歴史教科書と独島の領有権主張により、後世に誤った歴史を教え、平和を損なおうとする試みを直ちに中断しなければならない」と言及した日韓キリスト教議員連盟の日韓共同宣言に、民主党を代表して署名した。

また、**国際司法裁判所**への単独提訴を進めるなか、外務副大臣に就任した吉良州司は、提訴を見送ると発言。藤村修官房長官は訂正発言をしたが、提訴の動きは止まった。

李明博韓国大統領の竹島上陸のてん末

	主な出来事
2012年8月10日	**李明博韓国大統領**が独島を訪問
8月14日	李大統領が「天皇陛下が韓国を訪問するなら、独立運動の犠牲者にまず謝罪すべきである」と発言
8月17日	日本政府、「李明博韓国大統領の竹島上陸への対応措置」を発表
8月23日	野田首相は「(天皇に対する発言は)相当、常識から逸脱している」と述べ、謝罪と撤回を求める考えを示す
8月24日	**衆議院**、李明博韓国大統領の竹島上陸と天皇陛下に関する発言に抗議する決議を採択
8月24日	韓国政府、首相名の親書の受理を拒否
10月	日本政府、**国際司法裁判所**への提訴を見送る

李明博韓国大統領の竹島上陸への対応措置 (官房長官発表、2012年8月17日)

1　我が国政府は、竹島を巡る領土問題について、我が国の主権に関わる重大な問題と認識しており、毅然とした対応措置をとる考えである。

2　韓国政府に、竹島問題について、国際法に則り、冷静、公正かつ平和的に紛争を解決することを目指して、近日中に、国際司法裁判所への提訴としての合意付託及び日韓紛争解決交換公文に基づく調停を提案する。

3　竹島問題について関係する閣僚の会合を開催することとし、今後の体制の強化等についての諸準備も早急に実施する。また、民間分担において、竹島問題等の調査・研究、国民世論のための活動を支援するための取り組みを調整する。

4　李大統領の竹島上陸に関連する措置は、必ずしも上記に限定されない。韓国側の行動に対して相応する措置の検討は引き続き進め、今後の韓国側の行動も勘案しつつ、我が国として更にいかなる措置をとるか適切に判断する。

日本国と大韓民国との間の紛争の解決に関する交換公文 (昭和40年条約第30号) 抜粋

「・・・両国政府は、別段の合意がある場合を除くほか、両国間の紛争は、まず、外交上の経路を通じて解決するものとし、これにより解決することができなかつた場合は、両国政府が合意する手続に従い、調停によつて解決を図るものとする。・・・」

竹島問題 竹島領有の論拠

竹島領有についての日韓それぞれの言い分は？

戦後、竹島に関する日本政府の主張は「我が国固有の領土」ということで一貫している。だが、韓国もそのように主張している。両国の根拠となるものは何か。

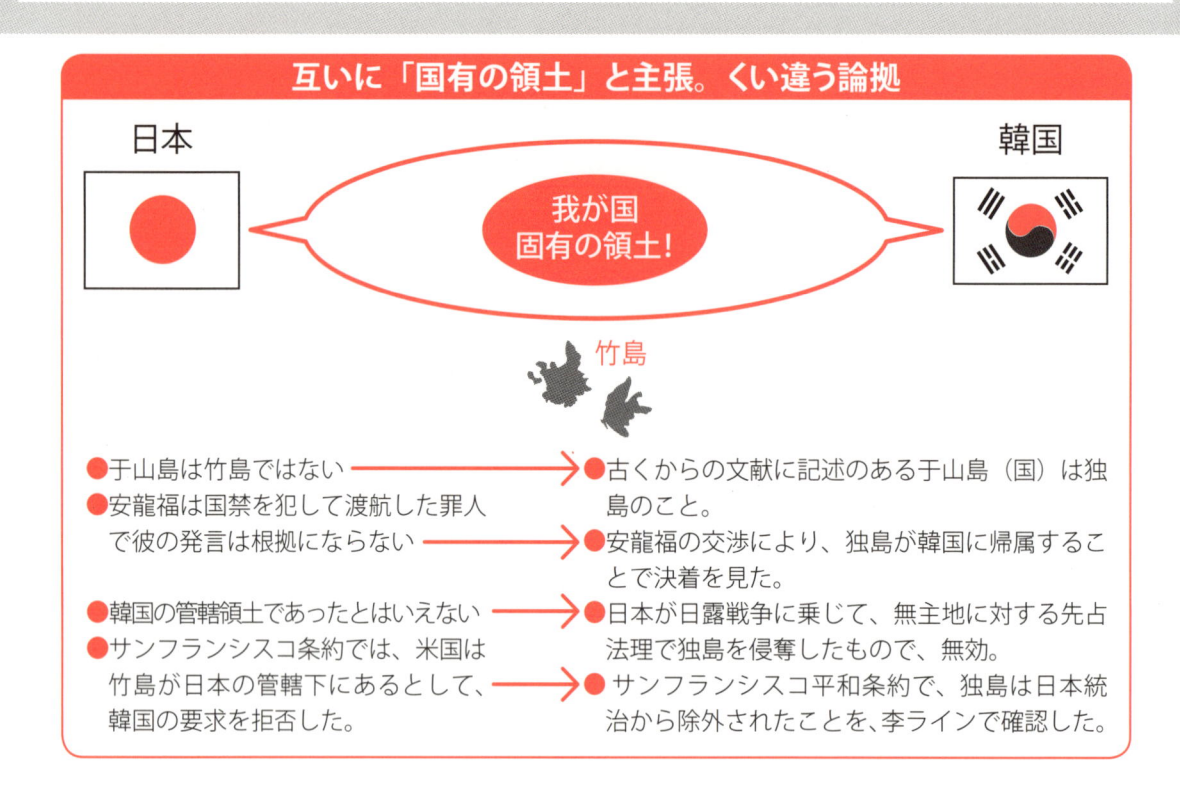

互いに「国有の領土」と主張。くい違う論拠

日本 ←　我が国固有の領土！　→ **韓国**

竹島

日本側
- 于山島は竹島ではない → 古くからの文献に記述のある于山島（国）は独島のこと。
- 安龍福は国禁を犯して渡航した罪人で彼の発言は根拠にならない → 安龍福の交渉により、独島が韓国に帰属することで決着を見た。
- 韓国の管轄領土であったとはいえない → 日本が日露戦争に乗じて、無主地に対する先占法理で独島を侵奪したもので、無効。
- サンフランシスコ条約では、米国は竹島が日本の管轄下にあるとして、韓国の要求を拒否した。 → サンフランシスコ平和条約で、独島は日本統治から除外されたことを、李ラインで確認した。

　日本政府は、第二次世界大戦終結後の1946年6月に発行した『Minor Island Adjacent Japan Proper』という冊子の中に「竹島は日本の**固有領土**である」と明記した。また、外務省は、1951年7月の問題化以来、一貫して以下の通り表明している。

1、竹島は、歴史的事実に照らしても、かつ国際法上も、明らかに我が国固有の領土です。
2、韓国による竹島の占拠は、国際法上何ら根拠がないまま行われている不法占拠であり、韓国がこのような不法占拠に基づいて竹島に対して行ういかなる措置も法的な正当性を有するものではありません。

　韓国側からは、我が国が竹島を実効的に支配し、領有権を確立した以前に、韓国が同島を実効的に支配していたことを示す明確な根拠は提示されていません。

　これに対して、**韓国**もまた、固有の領土と主張している（右図）。

　また、日本国内においても、日本政府の主張は明らかに間違っているとする**内藤正中**の指摘や日本民主党に多い**竹島放棄論**がある。

「日本の固有の領土」論
（外務省冊子『竹島 Takeshima 竹島問題を理解するための10のポイント』2008年より）

❶ 日本は古くから竹島の存在を認識していた。竹島のほか、磯竹島、あるいは松島の名称もある。

❷ 韓国が古くから竹島を認識していた根拠はない。欝陵島と于山島の2島は認知していて、于山島を竹島としているが、于山島は竹島ではない。

❸ 日本は、1618年の渡海免許状で漁採地として竹島を利用し、17世紀半ばには竹島の領有権を確立していた。徳川幕府は1635年に渡航禁止の措置をとったが、欝陵島の竹島を外国領とは認識していなかった。

❹ 日本は、17世紀末、欝陵島への渡航を禁止したが、竹島への渡航は禁止しなかった。

❺ 韓国が自国領土の根拠としている安龍福の1693年と1696年の来日の供述は、彼が国禁を犯しての渡航であるため、根拠にはならない。

❻ 日本政府は、1905年竹島を島根県に編入して竹島を領有する意志を閣議決定で再確認した。韓国は、1900年大韓帝国勅令第41号があるが、その竹島は石島あるいは竹島ではないかと指摘され、同勅令は必ずしも実効的ではなかった。

❼ サンフランシスコ条約では、米国は竹島が日本の管轄下にあるとして、韓国の要求を拒否した。

❽ 米国は1952年、竹島を在日米軍の爆撃区域として指定した。

❾ 韓国は竹島を不法占拠しており、その占拠は国際法上なんら根拠なく、日本は厳重に抗議し、その撤回を強く求めている。

❿ 日本は、竹島領有権問題について国際司法裁判所への付託を提案しているが、韓国はこれを拒否している。1954年の米国支持提案に対し、独島は欝陵島の一部であるとして、韓国はこれを拒否した。

韓国の主張
（韓国冊子『獨島は韓国の領土―獨島に対する大韓民国政府の基本的立場』2008年より）

❶ 獨島は歴史的、地理的かつ国際法的根拠から、明白に大韓民国固有の領土である。

❷ 地理的認識 于山（獨島）・武陵（欝陵）の2島は離れておらず、獨島は欝陵島に属すると『世宗實錄』地理志（1432年）にある。

❸ 古文献の指摘 『高麗史』地理志（1451年）、『新増東國輿地勝覽』（1530年）、『東國文献備考』（1770年）、『萬機要覧』（1808年）、『増補文献備考』（1908年）に、于山島の記述があるのは、独島が持続的に韓国領土であったからである。

❹ 1693年の安龍福交渉で、1696年独島の帰属が決着した。1877年の日本内務省指令は、独島が日本の領土でないことを日本が認めた証拠である。

❺ 大韓帝国勅令第41号は、独島の統治範囲を確認した。1906年の指令第3号は、日本の領土編入の事実無根であることの調査を命じていた。

❻ 日本は、日露戦争に乗じて、無主地の先占法理で独島を侵奪した。

❼ サンフランシスコ平和条約で、独島は日本統治から除外され、これを李ラインで再確認された。かくて、韓国は、独島を一貫的に統治してきている。

日韓両国の竹島／独島の領有権をめぐる主張の混乱をまとめると……

1．韓国の文献における于山国あるいは于山島の記述（韓国❷❸）の存在は事実。ただし、それが独島であるかどうかは明確ではない。

2．17世紀の渡海（日本❸）が竹島の領有権確立であるかは、はっきりいえないが、徳川幕府の竹島渡海免許状と日本人の竹島渡航記録はある。

3．安龍福事件（日本❺、韓国❹）は、渡航禁止とか帰属問題を示すものでない。日本人と韓国人の交流の一側面に過ぎない。1693年日本人による竹島からの朝鮮人連行の記録もある。

4．1877年の日本内務省文書（韓国❹）は、欝陵島と独島が日本と関係がないことの指令であったとはいえない。これにより、日本は独島が日本領土でないことを認めたという韓国の説明は成立しない。それは、竹島ではなく松島に関する件であるからである。

5．1905年の日本編入（日本❻、韓国❺）は、日露戦争で先占の法理で実施されたものではない。日本は、日露戦争で韓国領土を侵奪（韓国❻）したものではない。竹島は、当時、韓国管轄領土の一部であったとはいえないからである。

そしてその法的構造は私人の行為の追認をもって国家の占有としたもので、国家管理の措置として、他の領土と同様に実施され、追認されたに過ぎない。伝統的な領土取得の方法として先占の要件は成立しており、個人の活動を国家が承認し、あるいは国家による軍事基地の建設が実効支配とする当時の国際法理論の適用は妥当であった。国際法上、実効性とともにその確認手続きを必要とする議論があるが、竹島外一島の一件は、その措置に充当し、もって版図外とした。

6．サンフランシスコ条約で、日本は竹島を放棄していない（日本❼、韓国❼）。カイロ宣言で韓国領土となったという指摘は、歴史記録にはない。独島は、サンフランシスコ条約で、韓国に属していない。この指摘は、戦勝国の論理を押し付けたものである。米占領当局は、1952年に竹島を日米合同委員会で爆撃区域とした（日本❽）。

7．韓国は、歴史的に一貫して独島を統治してきたとするが（韓国❼）、韓国併合から1945年まで、そして以後、1953年韓国の囲込みまでは、独島を統治していない。

第3章 竹島問題 韓国の実効支配が続く

竹島問題　韓国の対馬領有論①

竹島だけでなく
対馬の領有も主張する韓国

韓国は、竹島の領有だけでなく、対馬の領有も主張し始めている。対馬は日本の文化圏にあるものの、韓国・釜山から約40kmと地理的に近く、古来交通の要衝として利用された。そのため、韓国内では返還要求運動が繰り広げられている。

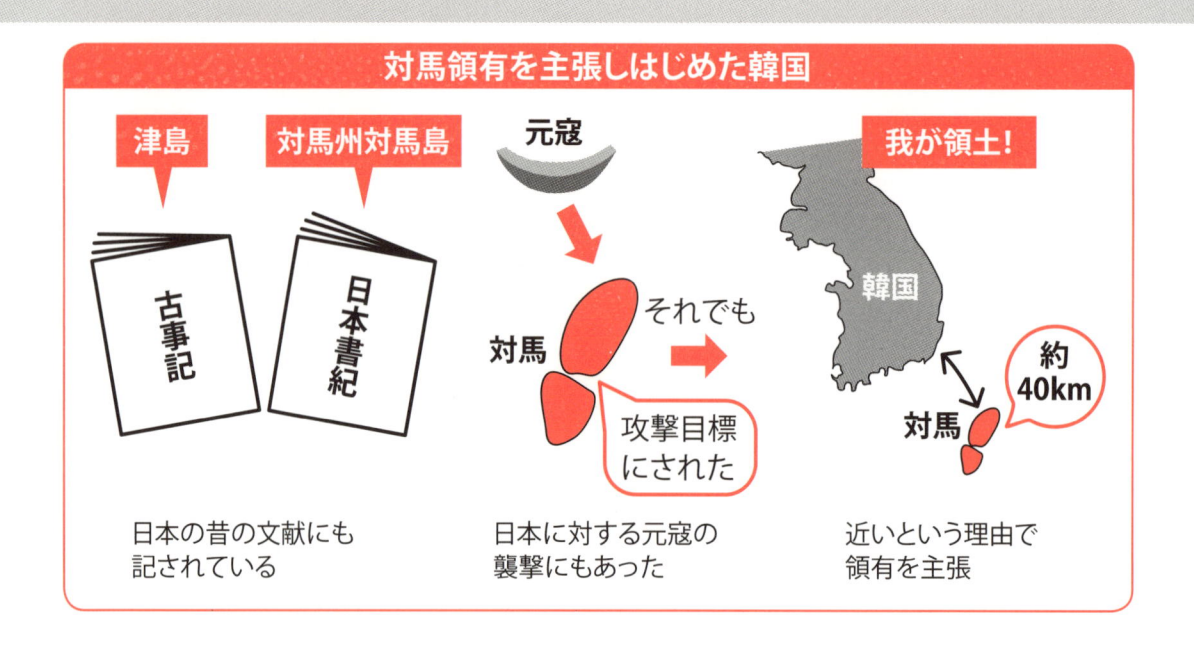

対馬領有を主張しはじめた韓国

| 津島 | 対馬州 対馬島 | 元寇 | 我が領土！ |

古事記 / 日本書紀

対馬　それでも　攻撃目標にされた

韓国　対馬　約40km

日本の昔の文献にも記されている　日本に対する元寇の襲撃にもあった　近いという理由で領有を主張

　九州と朝鮮半島の間の海域が対馬海峡で、対馬はその間にある島である。縄文時代から九州北部と同一の文化圏にあり、『古事記』の建国神話には大八州の1つとして「津島」と記された。また『日本書記』には「対馬洲」、「対馬島」として登場している。『魏志』倭人伝では、「対馬国」が倭の一部として登場する。面積は698km²で、大陸と日本との文化・経済・軍事上の拠点であった。

　大化の改新で律令制が施行されたときに、西海道に属する令制国とされ、巌原に国府が置かれた。遣唐使も壱岐と対馬を航路の寄港地とした。豊臣秀吉の九州平定の際には、宗義智が対馬守に任じられ、明治維新までその支配が続いた。そして、1889年には市制・町制が施行。

2004年3月、対馬6町すべてが合併して対馬1市体制となった。このように、対馬は日本文化圏にある。

　もっとも、対馬を日本領土だとして保全するという認識が十分であったとは言いがたい。1861年2月〜8月に**ロシア軍艦**ポサドニック号が対島浅茅湾芋崎付近に停泊し、浅茅湾の一部租借（領土を借りること）を要求する事件が起きた。対馬藩は自力で解決できず、幕府に援助を要求した。この事件からも、対馬が辺境の存在ではなく国境維持という国家の使命を確認し実行する存在であることがわかる。

　しかし、朝鮮半島の釜山から約40キロメートルと、地理的に朝鮮半島に近い。そのため韓国では**対馬要求運動**が起こっている。

地理的には韓国に近い対馬

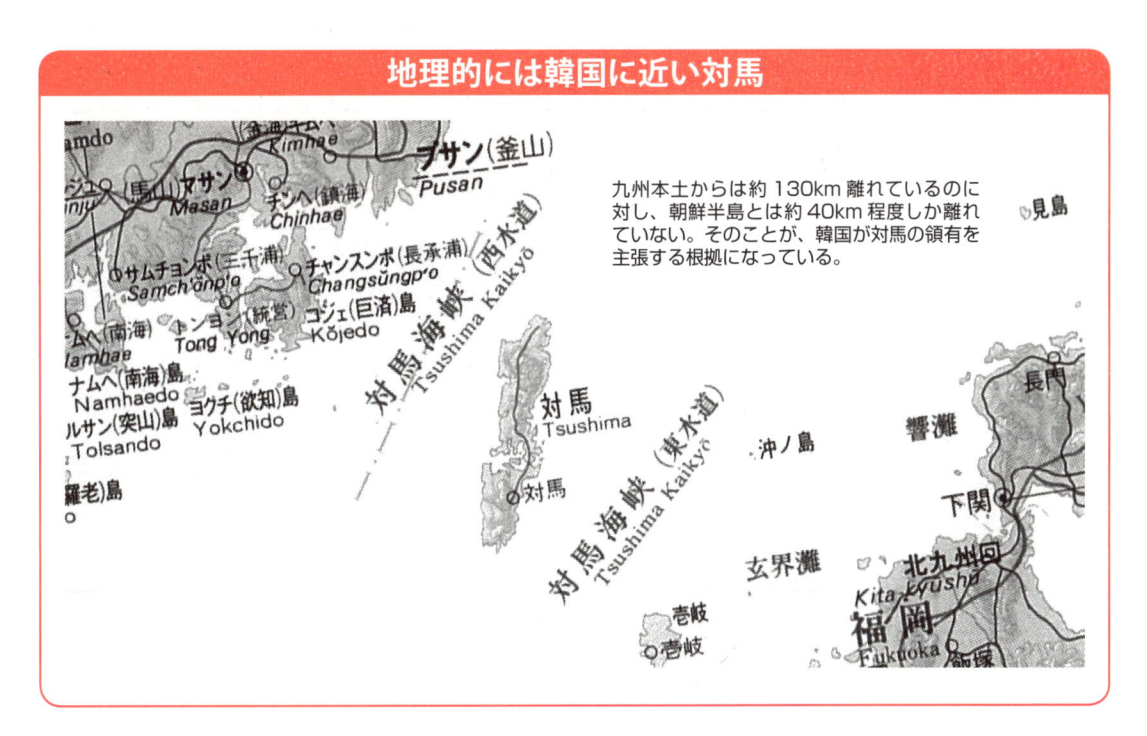

九州本土からは約130km離れているのに対し、朝鮮半島とは約40km程度しか離れていない。そのことが、韓国が対馬の領有を主張する根拠になっている。

対馬は国際法上日本の領土。日本名の地名があるほか、約3万3000人の日本人が生活している。市役所のホームページもあり、閲覧可能で、対馬めぐりで日本文化を確認できる。

日本と対馬の関わり

	主な出来事
古代	『**古事記**』に大八州の1つとして「津島」と記され、『**日本書記**』には「対馬洲」、「対馬島」として記述がある。
674年	**日本最古の銀山**で銀が生産されていた。
（平安時代）	律令制が施行、西海道に属する令制国とされ、巌原に国府が置かれた。遣唐使の寄港地として活用。
（鎌倉時代）	二度の**元寇**の最初の攻撃目標とされた。
1587年	豊臣秀吉の九州平定。対馬守に**宗義智**が任じられる。
1861年2月〜8月	**ロシア軍艦**ポサドニック号が停泊し、浅茅湾の一部租借を要求。
1889年	市制・町制が施行。九州の一部として統治。
1952年頃	日韓片道貿易が始まる。
1961年	朴正煕のクーデターにより、日韓片道貿易が終わる。
2004年3月	対馬6町すべてが合併して対馬1市体制に。

- ヤマト政権の下で、対馬は朝鮮半島出兵の中継地としての役割を担う。
- 宋氏一族による統治が明治維新まで断絶なく行われる。
- 対馬藩では対応できなかったため、中央（幕府）に援助を要請。
- 対馬が一番栄えていたころ。多数の輸出入が行われていた。
- 1990年ごろからは韓国との交流も盛んに。観光客も多く訪れる。

第3章　竹島問題　韓国の実効支配が続く

竹島問題 | 韓国の対馬領有論②

第二次世界大戦後から始まった韓国の対馬領土要求

対馬は日本と大陸の交流の要衝として、長く日本の支配下にあった。しかし、第二次世界大戦後、韓国は領有権を主張し始めた。さらに2005年、島根県議会の「竹島の日」制定に対抗し、韓国馬山市は「対馬島の日」を制定。返還運動を活発化させている。

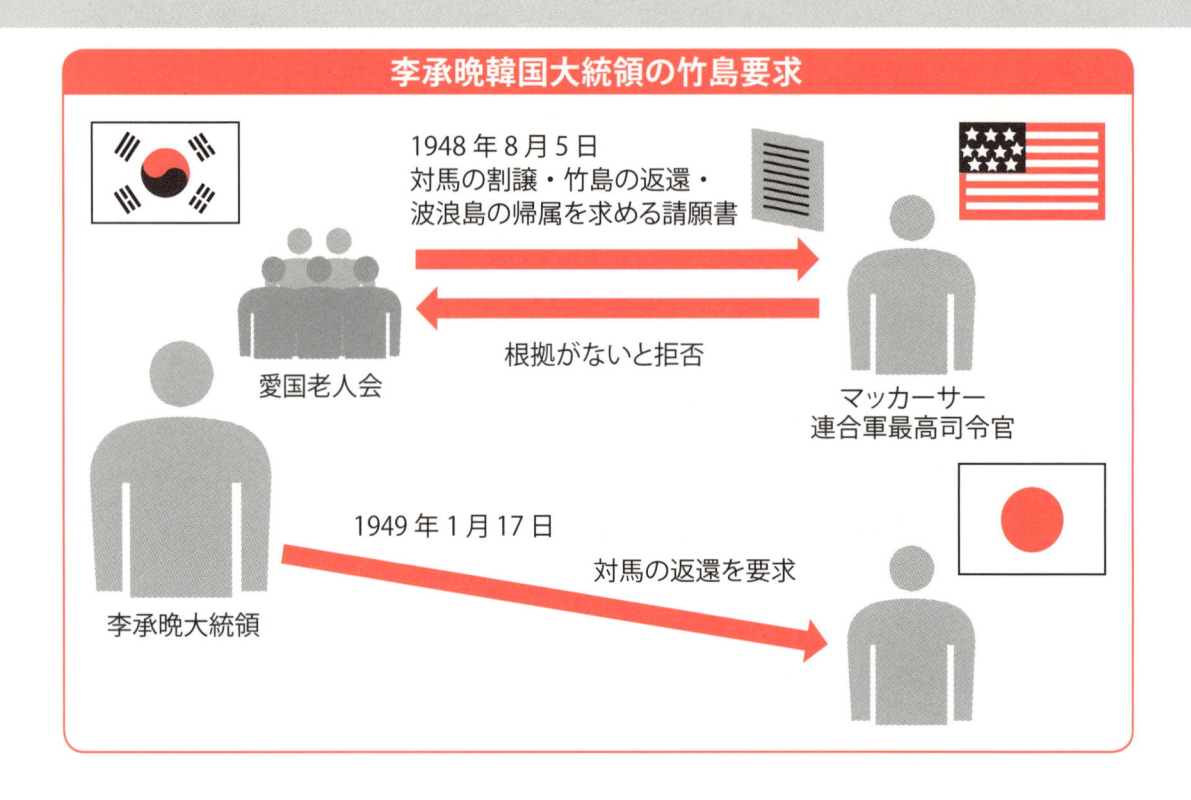

李承晩韓国大統領の竹島要求

- 1948年8月5日 対馬の割譲・竹島の返還・波浪島の帰属を求める請願書
- 愛国老人会 → マッカーサー連合軍最高司令官
- 根拠がないと拒否
- 1949年1月17日 対馬の返還を要求
- 李承晩大統領 → 日本

　第二次世界大戦後、韓国は領有権を主張し始めた。1948年8月5日、大韓民国初代大統領となる**李承晩**の意を受けた愛国老人会がマッカーサー連合軍最高司令官に、独島（竹島）の返還、波浪島の帰属、及び**対馬の割譲**を要求する請願書を提出。**連合国軍総司令部**（GHQ）は根拠がないと拒否したが、翌1949年1月17日、**李韓国大統領**は、対馬は韓国領だとして日本に「返還」を要求した。

　また、2005年1月、韓国慶尚南道馬山市議会は、島根県議会が「**竹島の日**」を制定するというニュースに対抗して「**対馬島の日**」条例を制定した。対馬市議会はこれに対し、2006年10月、馬山市議会へ「対馬島の日」条例の廃止措置を要請した。馬山市議会は「対応する価値がない」と条例は廃止しないことを確認した。

　2008年7月、ハンナラ党議員50余人が、**対馬の即時返還**を求める「対馬の大韓民国領土確認及び返還要求決議案」を国会に提出し、成立した。そして、2010年9月、日本が不法に占領している対馬を早急に返還させるための議員連盟が発足した。

日本に対抗した「対馬島の日」

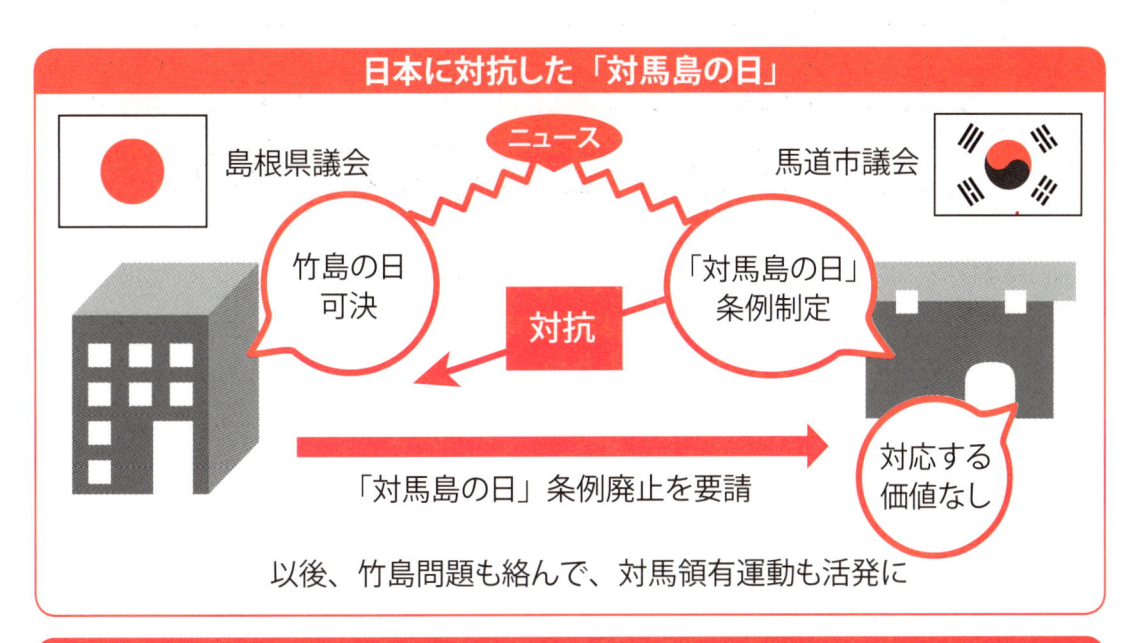

島根県議会 — ニュース — 馬道市議会

竹島の日可決 ← 対抗 ← 「対馬島の日」条例制定

「対馬島の日」条例廃止を要請 → 対応する価値なし

以後、竹島問題も絡んで、対馬領有運動も活発に

韓国の対馬領土主張

	主な出来事
1945年8月	日本、ポツダム宣言受諾。連合国の占領下に。
1948年8月5日	**李承晩**の意を受けた愛国老人会がマッカーサー連合軍最高司令官に、独島、波浪島、及び**対馬**が韓国領土であるとの請願書を提出。
8月15日	李承晩を初代大統領とする**大韓民国**が樹立。
1949年1月17日	李韓国大統領は、対馬は韓国領だとして日本に返還を要求。
2005年1月18日	韓国慶尚南道馬山市議会は「**対馬島の日**」条例を制定。
3月25日	島根県議会、「**竹島の日**」を制定。
2006年10月6日	対馬市議会は、馬山市議会に対し「対馬島の日」条例の廃止措置を要請するも、廃止されず。
2008年7月21日	韓国、対馬は韓国領土だとする「**対馬の大韓民国領土確認及び返還要求決議案**」を提出し、成立。
12月20日	長崎県神道議員連盟「国境離島等振興特別措置法（仮称）の制定について」提出。
2009年1月29日	対馬市長・対馬市議会議長ら対馬市民が防衛相に対して「対外的脅威・侵攻に対する抑止力の強化を求める嘆願書」を提出。
3月26日	「対馬は韓国領土」と主張する3人組が、ソウルの日本文化センター内で火炎瓶投擲。
11月4日	日本大使館に放火。
2010年4月1日	韓国与党のハンナラ党が、韓国歴史教科書に対馬の領有権を明記する決定。

注記：
- 連合国司令部は、根拠がないと拒否
- 島根県議会による「竹島の日」制定予定のニュースを受けて制定
- 外国人参政権付与により、韓国人が数万人大量移住し、韓国を併合するシナリオを危険視した

第3章 竹島問題 韓国の実効支配が続く

竹島問題

竹島問題、今後への提言

現実に支配されている竹島の領土主権を確立するために

日本政府は、「竹島は固有の領土であり、したがって領土問題は存在しない」という神話的建前論をとなえてきた。しかし、竹島は韓国の実行支配の下にあるのが現実だ。この不整合をどのように解決していけばよいだろうか。

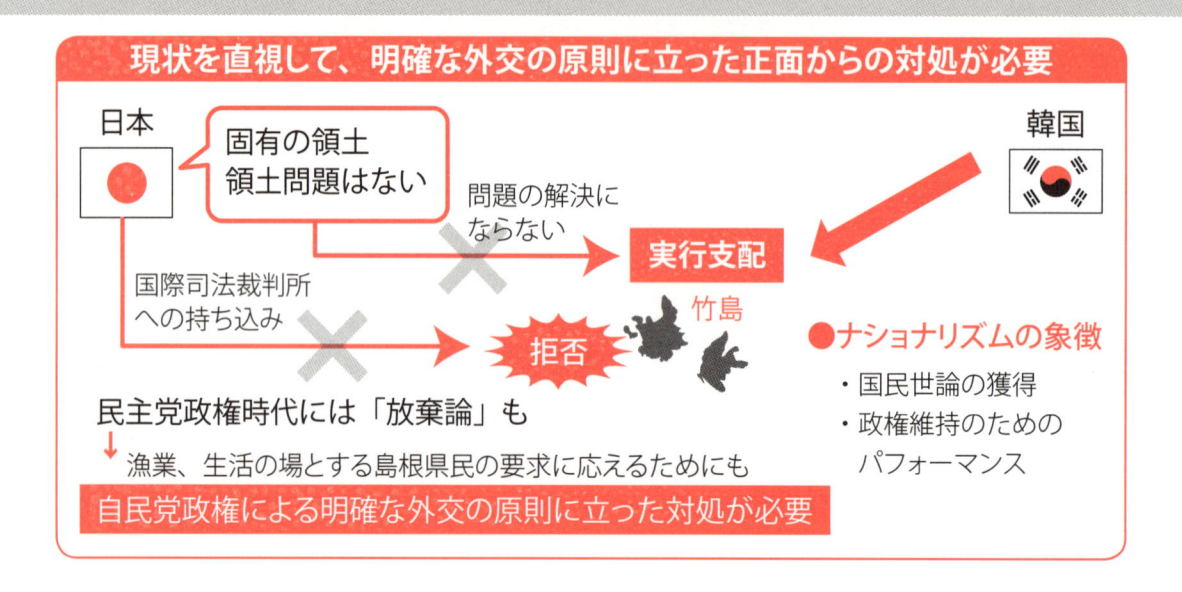

現状を直視して、明確な外交の原則に立った正面からの対処が必要

日本
- 固有の領土 領土問題はない → 問題の解決にならない ✗ → 実行支配
- 国際司法裁判所への持ち込み ✗ → 拒否

竹島

韓国
- ●ナショナリズムの象徴
  ・国民世論の獲得
  ・政権維持のためのパフォーマンス

民主党政権時代には「放棄論」も
↓
漁業、生活の場とする島根県民の要求に応えるためにも

自民党政権による明確な外交の原則に立った対処が必要

竹島問題の解決には次のような課題がある。

1. 日本は戦後、領土問題はないとする「**神話**」を掲げ続けてきた。これが、問題解決を回避する風潮を生み出してきた。

2. 今後は、韓国の**独島ナショナリズム**の真意を理解して、正面から対処すべきである。韓国は武装占領した竹島を占拠しており、その不法占領を解消しようという意図がないのが現実だ。それを認識した上で、日本は今後の方策を確立し、交渉を進めるべきである。

3. この事態は、そもそも韓国の**李ライン**の設定による日本封じ込めによって生じたものであった。日本政府は、竹島の囲い込みに対し**国際司法裁判所**への持ち込みによる公平な解決を求めたが、韓国は領土問題として問われることになるため、その解決を拒否している。この韓国の立場は今も変わりない。

4. 竹島は、いまや韓国ナショナリズムの焦点となった。国内における国民世論操作と政権維持の手段となり、2012年8月10日には李明博大統領自らが竹島に上陸し、韓国の「支配の確認」を誇示した。

5. この事態は、日本政府にその「**不法な支配**」を容認するところがあったことは否めない。自民党政権が成立すると、竹島は日本領土であることを確認し、日本の歴史教科書に明記し、島根に属することを明示した。

6. まず解決すべきは、竹島を生活圏とする島根県民の要求に応えることであり、韓国民との共存の下で的確な処理をとるべきである。日本政府は、明確な外交の原則に立って、竹島は日本領土とする政策を遂行すべきである。

日本国内にも否定派、消極派が……

内藤正中の竹島韓国所有論

①日本は固有領土説をとるが、幕府と明治政府は、2度にわたって日本の領土ではないと明言しても、固有領土とは対外的に主張していない。

反論 日本・韓国交渉の中で、日本は往来を規制する措置をとったが、日本領土でないと明言してはいない。

②1905年の日本領土編入は、先占の法理が合理的に適用されたものではない。日本政府は、韓国領を無主地とは一方的に断定できない。

反論 1905年の日本編入措置は、先占の法理で実施されたものではなく、日露戦争で韓国領土を侵奪したものではない。

③対日平和条約に竹島の所属は明記されていない。したがって、竹島は日本領として残されたとは解釈できない。

反論 竹島の帰属についての言及がなかったのは事実。しかし、それゆえ韓国に属したという解釈は成立しない。米占領当局が竹島を日本の一部として施政したのは事実で、韓国領土であれば、そうした日本占領行政措置が適用されることはない。

※内藤は、韓国では国民的議論が深められているが、日本では50年前の議論でしかないと指摘した。

民主党政権時の竹島放棄論

日本民主党には、竹島放棄論への支持が目立つ。

1．土肥衆議院議員（日韓キリスト教議員連盟日本側会長）

日韓キリスト教議員連盟の日韓共同宣言
「日本政府は歴史教科書と独島の領有権主張により、後世に誤った歴史を教え、平和を損なおうとする試みを直ちに中断しなければならない」
と民主党を代表して署名（2011年2月27日、ソウルの3・11節行事）。

2．吉良外務副大臣

2012年8月、日本政府が竹島領土問題の解決について国際司法裁判所への単独提訴を進めているなか、提訴を見送ると発言（10月12日）。
⬆
これに対し、藤村官房長官は、政府としてはそのようなことはないと訂正発言をした。

結果的に国際司法裁判所への単独提訴の動きは止まった。

日本の国境を形成する島々③
隠岐諸島

隠岐諸島は、隠岐海峡を隔てて島根半島北方約50キロメートルのところにある。島後島が主島で、付属の小島は約180を数える。

1868年、神宮と庄屋の正義党が松江藩隠岐郡代を追放し、王制復古で隠岐は朝廷御料地になったと宣言し、自治を行った。松江藩は隠岐に出兵して一時、隠岐を奪回するが、鳥取藩が仲介して松江藩兵は撤退し、自治が復活し、明治政府は、鳥取藩に隠岐一時預かりとした。

1869年隠岐国は隠岐県となり、最終的に1876年島根県所属となった。

第4章

北方領土問題
ロシアからの返還は実現するか？

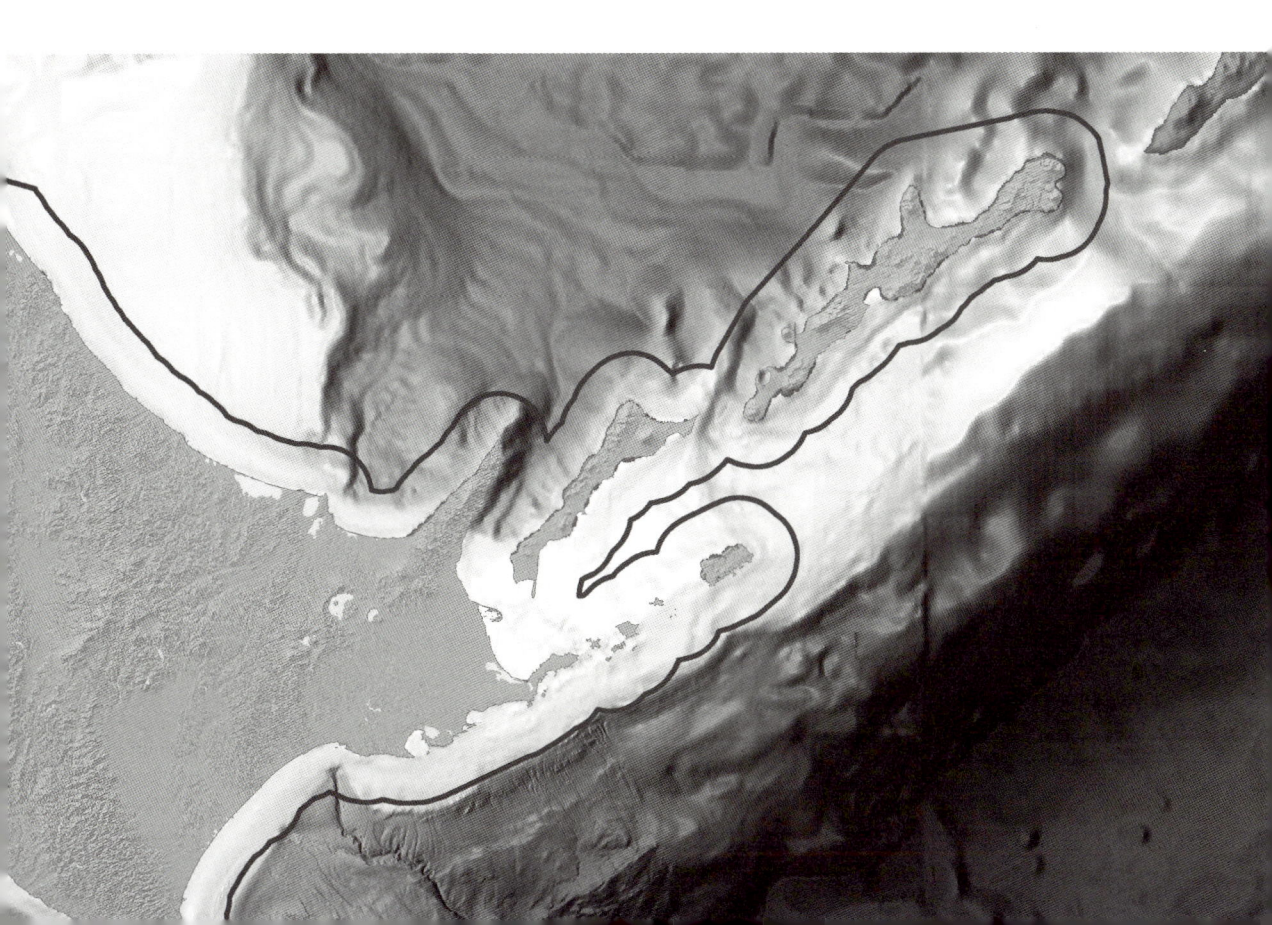

| 北方領土問題 | 北方領土問題を語るポイント |

第二次世界大戦末に ソ連に占領された北方領土

かつては日露和親条約によって国境を定めていた北方領土だが、第二次世界大戦末期にソ連軍によって占領され、現在もロシアの実効支配が続いている。日本政府はロシアに対し、北方領土は本来日本の領土だとして、一貫して返還を求めている。

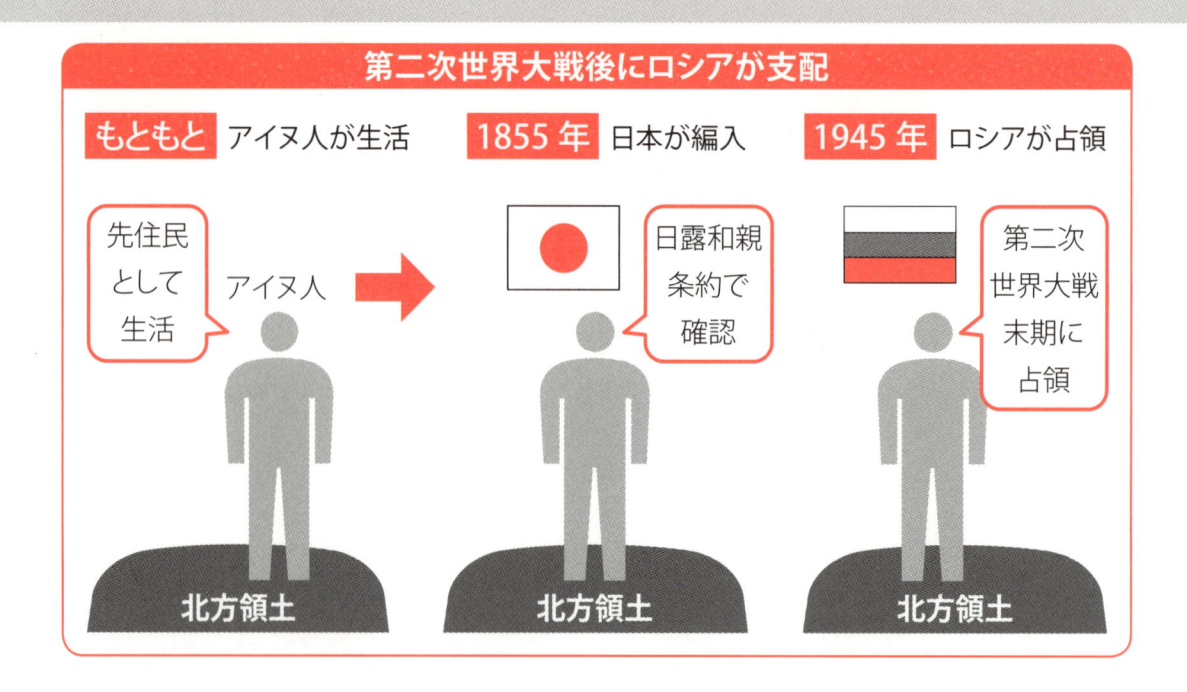

第二次世界大戦後にロシアが支配

もともと アイヌ人が生活 — 先住民として生活（アイヌ人）

1855年 日本が編入 — 日露和親条約で確認

1945年 ロシアが占領 — 第二次世界大戦末期に占領

かつて、得撫島（択捉島の北東にある島）より南に位置する**歯舞群島・色丹島・国後島・択捉島**のいわゆる北方領土は、日本が支配していた。一方、ロシアは第二次世界大戦以前、この地域を一度も支配していない。

もともと、択捉島にはアイヌ人と呼ばれる先住民が暮らしていた。1855年の日露通好（下田）条約では、択捉島と得撫島の間を日本とロシアの境界線と定めた。1869年、日本は蝦夷地を北海道と改称した時、これらの島の行政区分を併せて千島国とした。

1875年、**樺太・千島交換条約**が締結され、得撫島以北は千島列島となった。この条約で、国後島・択捉島の千島国に得撫島以北を編入し、国後島から占守島までが千島国となった。

第二次世界大戦末期、国後、択捉と北海道の一部であった歯舞、色丹の4島を含む千島全体をソ連軍が占領した。以来、**ロシア（ソ連）の占領下**にある。

日本は、この北方4島を「本来の領土」であるとして返還を要求しており、たとえ未返還であっても、根室市に属するとしている。戦後、国会や外務省などで、北方領土は日本のものであると確認をしてきた。1982年に成立した北方領土問題等の解決の促進のための特別措置法によって、北方領土に本籍を置くこともできるようになった。実質的な統治はしていないものの、自治体の機能は存在している。

北方4島

島名	面積 平方キロ	行政名
歯舞群島	99.94	花咲郡歯舞村
水晶島	14	
秋勇留島	3	
勇留島	11	
志発島	60	
多樂島	12	
色丹島	253.33	色丹郡色丹村
国後島	1498.83	国後郡泊村・留夜別村
択捉島	3184.04	択捉郡留別村・紗那郡紗那村・蘂取郡蘂取村
計	5036.14	

この4島が北方領土

一時は4島との交流がもたれたこともあるが、現在日本政府はそれを規制している。北方領土をめぐっては、共存ではなく、いまだ対立状態にあると考えるのが正しいだろう。

第二次世界大戦末のソ連占領後の北方領土

	主な出来事
1946年2月16日	帝国議会予算委員会、千島問題の審議。
1947年8月10日	北海道付属島嶼復帰懇請根室国民大会で返還決議が成立。
1951年3月31日	衆議院、歯舞諸島返還懇請決議成立。
1956年7月31日	**日ソ共同宣言調印。**
1960年1月27日	ソ連、外国軍隊が日本から撤兵しない限り、歯舞・色丹は日本に引き渡さないと通告（グロムイコ通告）。
1961年9月	池田勇人首相、参議院本会議で択捉・国後・歯舞・色丹は日本領土であると確認。
12月13日	米国務省、日本の北方領土の立場は正当であると声明。
1971年9月20日～26日	日本共産党幹部会議長宮本顕治の訪ソ、歯舞・色丹2島の返還をソ連に申入れ。
1991年4月16日～19日	ゴルバチョフ大統領、訪日──領土問題の存在が初めて文書で確認。
1993年10月	日ロ関係5原則成立。
1998年4月18日～19日	川奈合意成立。
2000年9月3日～5日	プーチン大統領、訪日──領土問題解決による日ロ平和条約の締結交渉の継続を確認。
2003年1月9日～12日	小泉首相、ロシア訪問。日ロ行動計画に合意。
2005年11月20日～21日	プーチン大統領、訪日。
2009年2月19日	麻生太郎首相、ロシア訪問。サハリンでメドベージェフ大統領と首脳会談

- 以後国会で返還決議をするも進展なし
- 1956年の日ソ共同宣言は有効であると発言
- 平和条約が存在しないことが日ロ経済関係の発展を阻害していると発言
- 「新たな独創的で型にはまらない取組みをとる」ことで合意

北方領土問題

北方領土のプロフィール
千島列島と南千島
江戸期に領土画定が進んだ南千島

カムチャッカ半島南の占守島から北海道東の国後島、歯舞群島に至るまで連なる島々が千島列島だ。日露和親下田条約によって、得撫島と択捉島の間に日露の国境を設けたが、太平洋戦争末期にソ連が進駐、今もロシアの実効支配下にある。

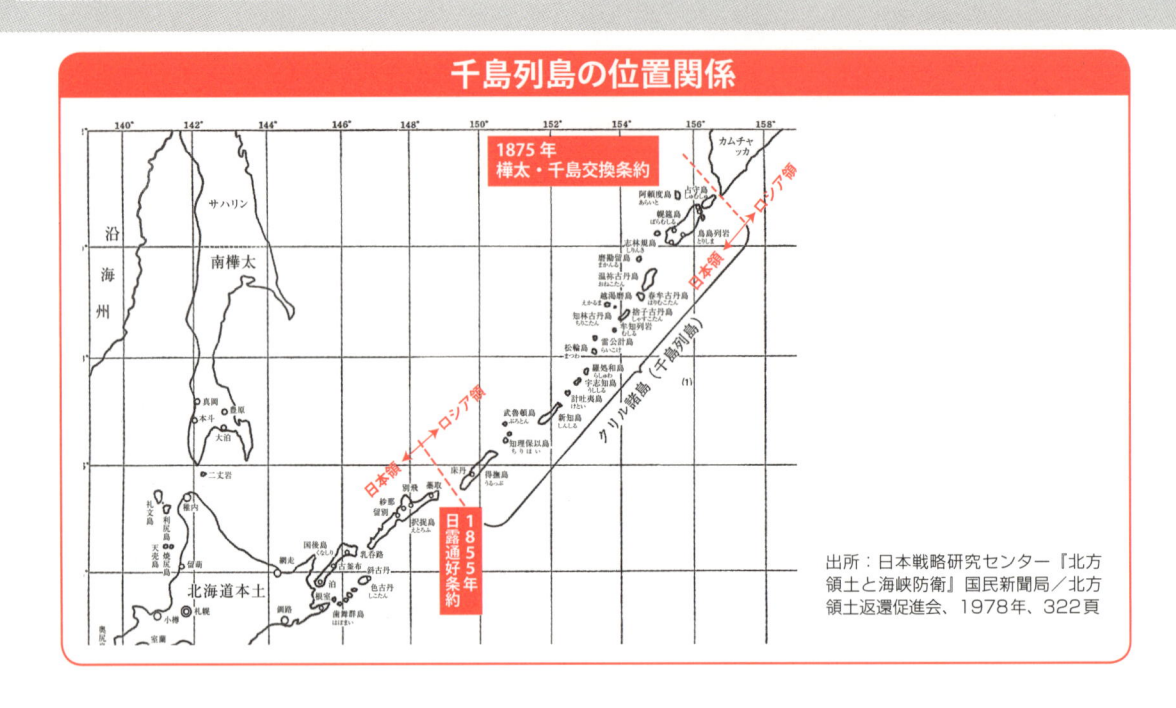

千島列島の位置関係

出所：日本戦略研究センター『北方領土と海峡防衛』国民新聞局／北方領土返還促進会、1978年、322頁

　千島列島は、カムチャッカ列島南端から北海道東端に連なる火山性の列島で、クリル諸島とも呼ばれる。北千島、中千島、南千島に3分される（日本は政治的に南千島はクリル諸島に含まれないとしている）。主要な島の数は25で、昔からアイヌが居住していた。

　1711年、ロシア人のクリル探険が始まり、南千島まで進出し、先住民アイヌに毛皮税を課した。また、ソ連が日ソ中立条約を破棄した1945年より、ロシア（ソ連）側の行政区分としてはサハリン州の一部となっている。

　一方、日本は、徳川家康から北海道の統治を委ねられていた松前藩は、17世紀初頭にすでに北方四島を領土として認識しており、統治を確立してきた。1644年に作成された正保御国絵図にはすでに「国後島」「択捉島」の地名がある。1754年には、国後に前進基地・国後場所を開設し、千島と日本の往来を進め交易ルートを開設した。

　18世紀後半以降、日本人の北方探険が行われた。1772～86年、最上徳内が現地調査し作製した「蝦夷風俗人情之沙汰付図」は日本の北辺認識を明らかにしている。1798年、江戸幕府は蝦夷地巡察隊を択捉島に派遣。高田屋嘉兵衛は択捉島への航路を開き、漁場も開拓された。近藤重蔵は1798～99年に国後・択捉を探険した。江戸中期の測量家・伊能忠敬は、北辺防備の必要から幕府の許可を得て蝦夷地南東

沿岸の測量に出向き、1800年には期待通りの成果を上げた。間宮林蔵は1806年に松前から国後島、択捉島、得撫島へ旅行した。間宮はさらに伊能忠敬に測量を学び、1808年、幕府の命で北カラフトを探険した。翌年、カラフトと大陸、東韃靼の大陸沿海州の間にある間宮海峡を発見し、大陸に渡って黒龍江まで到着した。この間宮の踏査によって日本の北方地域の領土画定が成立した。

松前藩のアイヌ人統制

北方領土も認識していた

西蝦夷
東蝦夷
松前藩（和人地）

アイヌ人と松前藩は江戸初期まで貿易を行っていた

↓

17世紀、シャクシャインの戦い（アイヌ人の蜂起）を鎮圧したことで支配を強化していった

江戸時代の北方探険

凡例：
- ―― 最上徳内（1786）
- ……… 近藤重蔵／最上徳内（1798～1799）
- ― ― 伊能忠敬（1800）
- --- 近藤重蔵（1807）
- ━━ 間宮林蔵（1808）
- ━ ━ 間宮林蔵（1808～1809）

ニコライエフスク、黒竜江（アムール川）、デレン、東韃靼（沿海州）、間宮海峡、ナユオー、ラッカ、クシュンナイ久春内、真岡、宗谷、得撫島（ウルップ）、択捉島（エトロフ）、国後島（クナシリ）、根室、西蝦夷、東蝦夷、松前、日本海、オホーツク海

出所：浜島書店編集部編『綜合資料日本史――地図・資料・年表』浜島書店、2012年。

江戸時代の北方探険

	主な出来事
1644年	**正保御国絵図**に国後島、択捉島の地名
1711年	ロシア、シュムシュ島、パラムシル島の探検
1754年	北海道の統治をしていた**松前藩**が、前進基地として国後場所を開設し、交易ルートを開設
1772～86年	**最上徳内**が「蝦夷風俗人情之沙汰付図」を作成
1792年	ロシア、根室に**ラックスマン使節**を派遣
1798～99年	**近藤重蔵**が国後・択捉を探険
1800年	**伊能忠敬**、幕府の許可を得て蝦夷地南東沿岸の測量に出向く
1811年	ロシアのゴロブニンが国後島に上陸、藩士に逮捕された
1853年	ロシアの**プチャーチン使節**が長崎に到着。ニコライ1世の訓令は北方四島の日本統治を認める内容
1855年	**日露通好条約**の締結
1875年	**樺太・千島交換条約**の締結

第4章 北方領土問題 ロシアからの返還は実現するか？

北方領土問題

北方領土　国内の諸論と外交交渉の歴史①

日ソ共同宣言にうたわれた2島引き渡し
返還しないロシアと4島返還を求める日本

ソ連との間で調印した日ソ共同宣言には、2島返還がかかげられていた。しかし結局、その合意をソ連は実施せず、ロシアとなった後も返還は行われていない。以後、さまざまな返還論が登場したが、どれも実現していない。

日ソ共同宣言（抜粋）1956年10月19日署名

1　日本国とソヴィエト社会主義共和国連邦との間の戦争状態は、この宣言が効力を生ずる日に終了し、両国の間に平和及び友好善隣関係が回復される。
（中略）
9　日本国及びソヴィエト社会主義共和国連邦は、両国間に正常な外交関係が回復された後、平和条約の締結に関する交渉を継続することに同意する。
ソヴィエト社会主義共和国連邦は、日本国の要望にこたえかつ日本国の利益を考慮して、歯舞群島及び色丹島を日本国に引き渡すことに同意する。ただし、これらの諸島は、日本国とソヴィエト社会主義共和国連邦との間の平和条約が締結された後に現実に引き渡されるものとする。

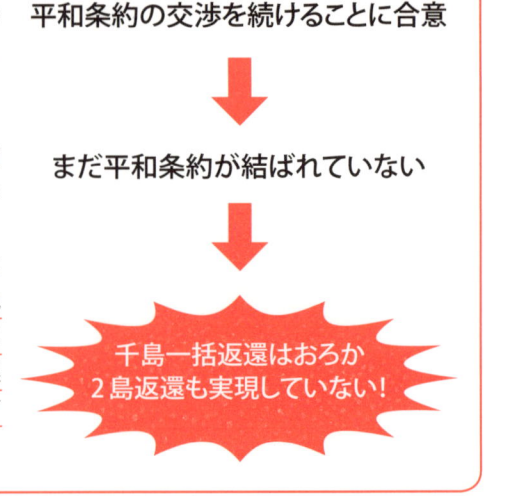

平和条約の交渉を続けることに合意
↓
まだ平和条約が結ばれていない
↓
千島一括返還はおろか2島返還も実現していない！

　日本とソ連は1956年10月、戦争状態終結を確認する**日ソ共同宣言**に調印している。しかしソ連は日本に約束していた**2島返還**を行わなかった。領土の帰属問題で合意に達しなければ、**国際司法裁判所**に付託するのが慣例で、日本は、1972年10月大平正芳外相がグロムイコ・ソ連外相に付託を提議したが、拒否されて実現しなかった。

　日本の外交選択としては、さまざまな案が提起されている（→P84）。しかし、いずれも、決定的な解決策とはなっていない。

　日本政府が主張する公式見解は、戦後長きに渡って、**4島一括返還論**であった。その根拠は、北方4島は一度も外国の領土となったことはなく、カイロ宣言においても占領されるとはされていないため、ソ連の併合は容認できない、ということにある。

　一方ロシア政府の公式見解は、日ソ共同宣言に基づいた平和条約の締結後、歯舞・色丹の2島だけを引き渡す**2島譲渡論**（返還ではない）である。その根拠は、千島列島の領有権を日本はサンフランシスコ条約で放棄しており、その領土権はロシアにあるためとしている。ロシアは、この放棄された千島列島には北方4島が含まれるとしている。

　日ソ平和条約を望まない米国は、残り2島の返還を放棄でもすれば、沖縄を米国に併合すると、1956年8月、米国務長官ダレスが日本に伝えた（**2島放棄批判論**）。

日本政府とロシア政府 それぞれの「北方領土」の考え方

日本

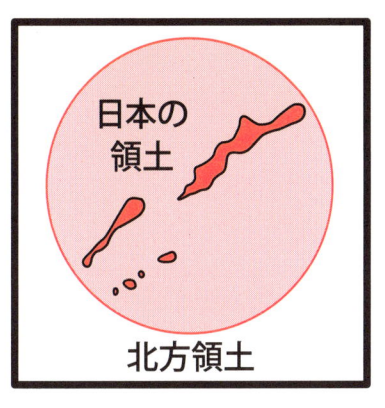

（図：日本の領土／北方領土）

- いまだかつて1度も外国の領土になったことがない
- カイロ宣言でも「占領される」とはなっていない
- サンフランシスコ平和条約で放棄した千島列島の中に北方領土は含まれない

↓

北方領土は日本の領土である
4島返還が原則

米国

- 残り2島の返還を放棄すれば沖縄を併合する

↓

2島放棄批判論

ロシア（ソ連）

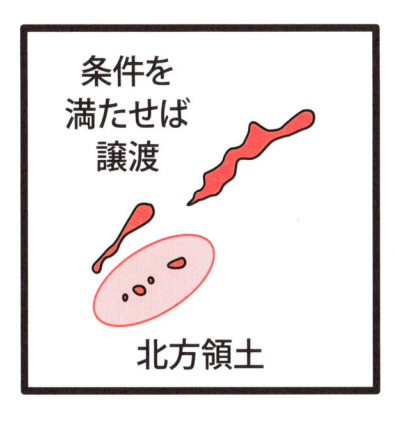

（図：条件を満たせば譲渡／北方領土）

- 日ソ共同宣言で示したとおり、平和条約を結んだ後に2島を譲渡する
- 日本はサンフランシスコ条約で千島列島の領有権を放棄した。千島列島には北方4島も含まれる
- ヤルタ協定によって、ソ連の領有が認められた（※秘密協定のため日本に対して拘束力はない）

↓

北方領土はロシアの領土である

北方領土問題

北方領土　紛争と外交交渉の歴史②
建前論から現実路線まで さまざまな返還論

日本はサンフランシスコ条約で千島の主権を放棄したが、この条約に調印していないロシアも北方4島の主権を保持していないと考えられることから、さまざまな北方領土返還案が出てきた。しかし、どれも解決にまでは至っていない。

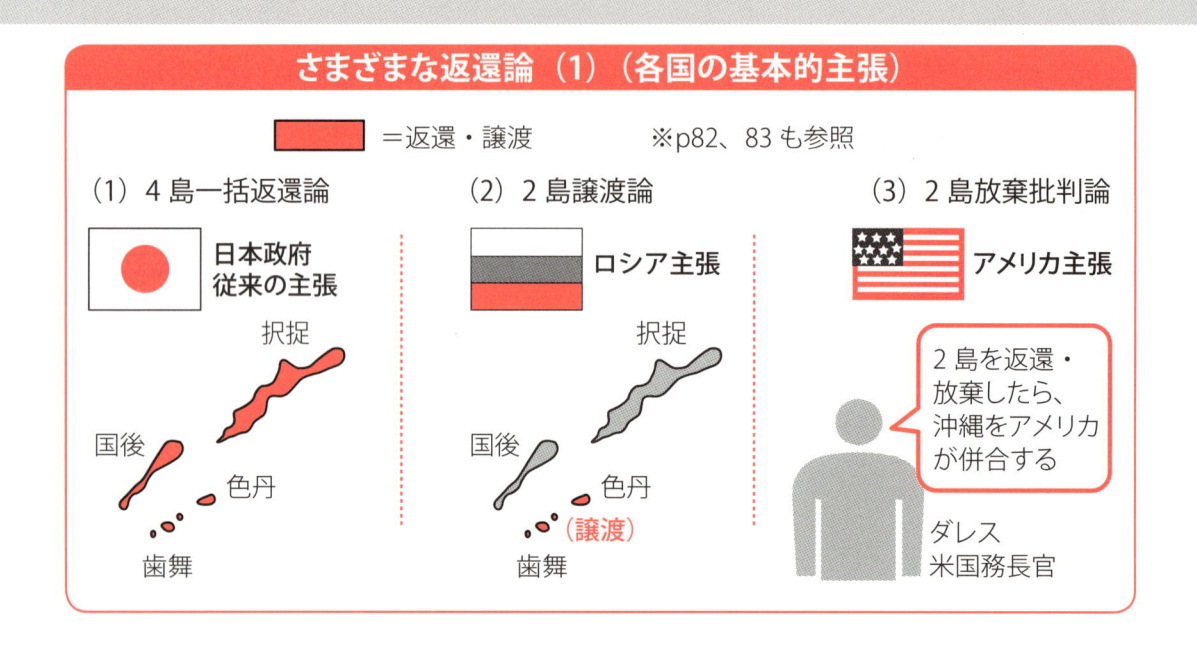

さまざまな返還論（1）（各国の基本的主張）

■＝返還・譲渡　　※p82、83も参照

（1）4島一括返還論　日本政府従来の主張
択捉／国後／色丹／歯舞

（2）2島譲渡論　ロシア主張
択捉／国後／色丹／歯舞（譲渡）

（3）2島放棄批判論　アメリカ主張
「2島を返還・放棄したら、沖縄をアメリカが併合する」
ダレス米国務長官

ロシアは、「日本は4島の領有権を放棄している」と見なしている。そのため、平和条約の締結後に、ロシア領である2島を「引き渡す」解決案が成立している、としている。

これに対し、日本政府は、サンフランシスコ条約で千島の主権を放棄したが、ソ連は同条約に調印していないために、北方4島の主権は保持していないとの前提に立ち、4島一括返還を原則としている。

一方、4島返還の手順として、ロシアの2島譲渡論に対応し、まず歯舞・色丹2島の返還を受けて、残った択捉・国後2島は継続協議（**2島先行返還論**）とする論もある。根室では、2島の先行返還における海上境界線の設定は排他的経済水域に影響するため、現実的であるとして住民からの支持が高い。

ほか、2島の返還後、残りの択捉・国後を日本とロシアの共同統治とする構想（**共同統治論**）も提起されている。日本・ロシア両国の択捉・国後への潜在主権を認め、住民に自治権を与え、自治地域とすることも考えられている。また、歯舞群島・色丹島・国後島の3島と択捉島の25パーセントを日本に移譲し、択捉島の75パーセントをロシアに提供するという提案（**面積2等分論**）もある。

共同宣言の前提（2島返還）に立って、国後島は日本領、択捉島をロシア領とする妥協案（**3島返還論**）や、北千島を含めた千島列島全体が日本固有の領土であり、全島が日本に返還されるべきだとしている（**千島列島全島返還論**）。

さまざまな返還論（2）（日本における諸論）

■ ＝返還・譲渡

（4）2島先行返還論

択捉島・国後島は継続協議

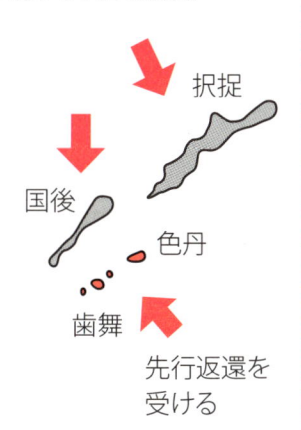

先行返還を受ける

（5）共同統治論

2島先行返還後、残った2島を共同統治

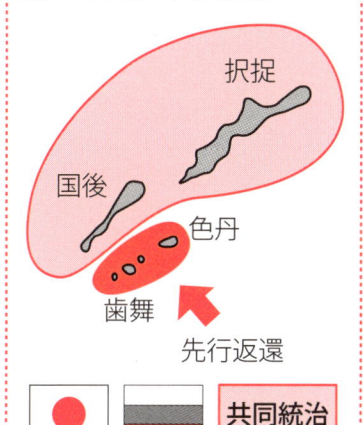

先行返還

🇯🇵 / 🇷🇺 / 共同統治

（6）3.25島返還論

択捉島の 1/4

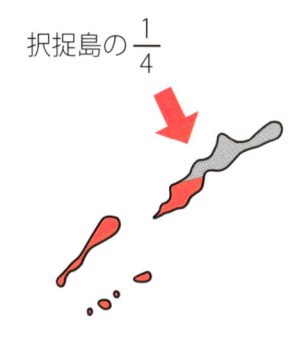

2006年4月、高野博明議員（公明党）が麻生太郎外相に提案

（7）面積2等分論

択捉島の約25％

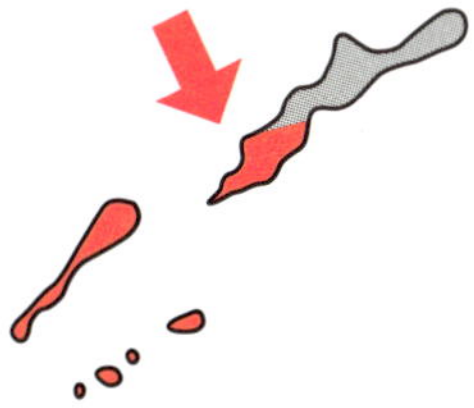

2006年12月、麻生外相が衆議院外務委員会で明らかにした。→翌2007年8月、町村信孝外相が批判

（8）3島返還論

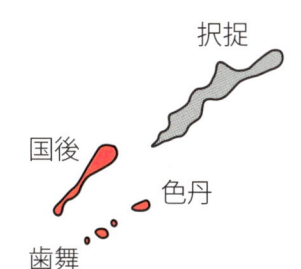

2007年2月、鳩山由紀夫がフラトコフ・ロシア首相来日の際に、麻生外相の面積2等分論を批判する形で発言

（9）千島列島全島返還論

北千島を含む千島列島すべて返還

日本共産党

もともとは2島返還論→全島返還論へ

（10）全面放棄論

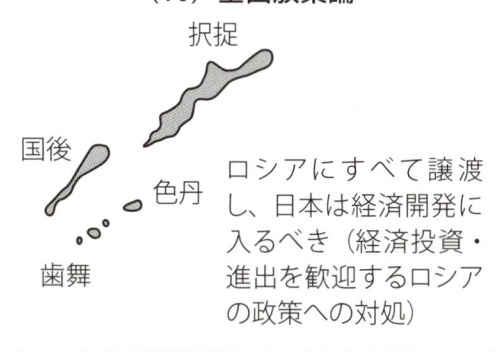

ロシアにすべて譲渡し、日本は経済開発に入るべき（経済投資・進出を歓迎するロシアの政策への対処）

返還運動の変遷

千島全島返還
→4島返還
→2島返還

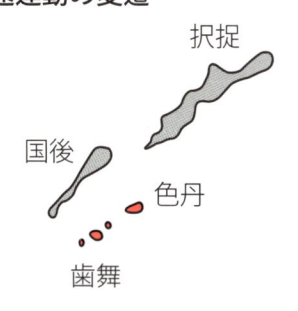

第4章 北方領土問題 ロシアからの返還は実現するか？

北方領土問題 北方領土　国内の諸論と外交交渉の歴史③
北方領土返還運動と北方交流

北方領土の返還を巡っては、戦前北方領土に住んでいた元島民たちなども運動を繰り広げている。北方領土に墓参りに行くなどの交流も行われ、ビザなし交流や自由訪問も実現している。

北方領土から引き揚げた元島民

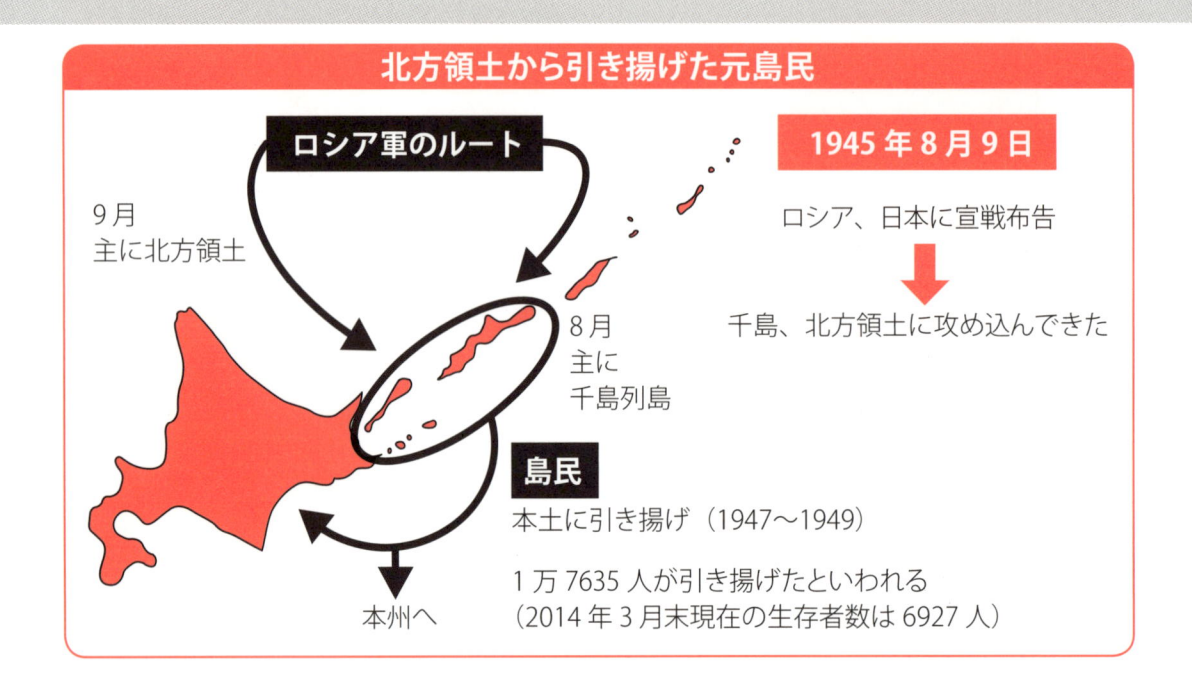

ロシア軍のルート

9月 主に北方領土

8月 主に千島列島

1945年8月9日
ロシア、日本に宣戦布告
↓
千島、北方領土に攻め込んできた

島民
本土に引き揚げ（1947〜1949）

1万7635人が引き揚げたといわれる
（2014年3月末現在の生存者数は6927人）

本州へ

　戦前、北方領土に住んでいた**元島民**たちも、**北方領土返還運動**を行っている。この返還運動では当初、千島全島と歯舞群島の返還を求めていた。しかし、後に4島返還、そして2島返還と、現実的な論への転換が見られた。

　元島民たちの最大の願いは、**墓参り**であった。1964年9月に一部地域で実現したのち、中断を繰り返しながらも実施されてきた。また、択捉島の訪問は1990年に初めて実現した。1991年10月の閣議了解で、4島関係者、報道関係者、特定の専門家の往来が始まった。これは、これまでの友好関係を土台として、正しい領土認識、さらなる日本に対する理解、及び住民同士の友好・信頼関係を作るための環境を整えることが目的とされた。

　1998年11月小渕恵三首相の訪ソに際してのモスクワ宣言を受け、翌99年9月に**4島自由訪問**が始まった。しかし、北方交流が日ロ交渉を大きく動かすまでには至っていない。

北方領土への墓参（1989年8月　水晶島）
出所：外務省パンフレット「われらの北方領土」

返還運動と北方領土訪問

	主な出来事
1945年12月1日	根室町長安藤石典が連合軍最高司令官マッカーサー元帥に陳情して**北方領土返還運動**を起こす。
1950年11月	歯舞諸島返還懇請同盟成立。
1955年5月	千島列島居住者連盟成立。
1958年7月	千島歯舞諸島居住者連盟に移行。
1964年9月	一部地域で北方領土への**墓参り**が実現。
1986年	日ソ外相協議。
1990年	択捉島への訪問が始めて実現。
1991年10月	島関係者、報道関係者、特定の専門家の往来開始。
1998年11月	日ロ間の創造的パートナーシップに関するモスクワ宣言で、**自由訪問**が始まった。
2013年9月	山本一太北方担当相、北方領土へ訪問。

- 全国的な運動となった
- 以後、中断を挟みながらもたびたび実施された
- 北方交流は返還運動を動かすまでに至っていない

目的は「墓参り」

北方領土への墓参

元島民（引揚者）に対する人道的見地から北海道が主体となって実施

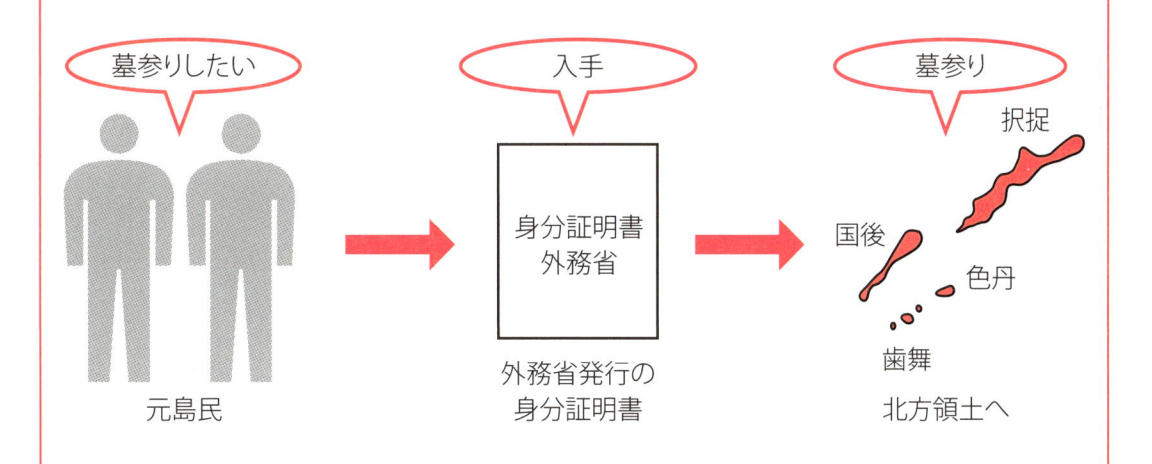

墓参りしたい（元島民） → 入手（外務省発行の身分証明書） → 墓参り（択捉・国後・色丹・歯舞 北方領土へ）

- ビザやパスポートがなくても参加可能
  昭和51年～昭和60年は、ソ連側がビザやパスポートを要求した。
  日本側は、これがソ連領であることを意味づけるものとなると反論したため、墓参りそのものが中止された。

- 昭和39年より実施。昭和61年よりは毎年行われている

- その他、ビザなし交流や自由訪問なども実現

第4章 北方領土問題 ロシアからの返還は実現するか？

北方領土問題

北方領土　国内の諸論と外交交渉の歴史④

事態の打開に向けた返還論はあるか

近年では、北方4島を面積ベースで2等分する「3.25島返還論」や、領土要求を全面的に放棄して経済開発に入るべきと考える「全面放棄論」などが登場している。いずれも解決の糸口を見つけたいという考えでの提案だ。

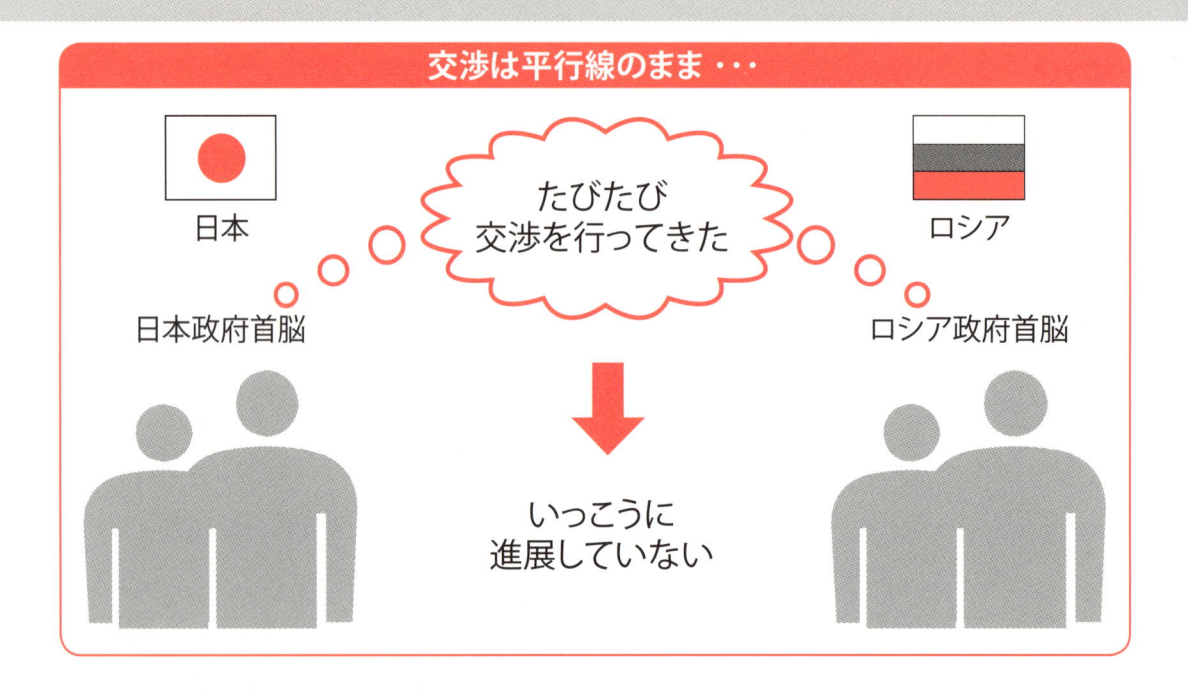

交渉は平行線のまま…

日本　　　　たびたび交渉を行ってきた　　　　ロシア

日本政府首脳　　　　　　　　　　　　ロシア政府首脳

↓

いっこうに進展していない

　近年では、事態の打開に向けて、**フィフティ・フィフティ方式**が提起されたこともある。

　2006年10月11日の参議院予算委員会で、元外務省事務官、高野博師公明党議員が提起したもので、面積の点で中間値を目指すという考え方だ。具体的には3島（歯舞・色丹・国後）プラス択捉の4分の1で決着するというもので、**3.25島返還論**ともいえる。これは、フィフティ・フィフティによる解決の模索として評価される一方、中間値を目指す敗北的な思考であるとの指摘もある。

　また、2010年以降、日本は領土返還要求を全面放棄し、ロシアの支配を現実としてのみならず、法的にも正当なものとして承認すべきとの主張（**全面放棄論**）が登場した。それによって、日本は経済開発に入るべきとする解決法で、経済投資・進出を歓迎するロシアの政策に対処すべきという主張だ。

　この考えは、交渉の展望の見通しがまったく立たない現状を打破したいと考える一部の市民・財界人・知識人の間で浮上している。

　日本政府首脳と外務当局は、北方領土交渉に熱意を傾け、努力してきたことは認められる。しかし、このように返還に関するさまざまな意見が出ていながら、交渉は一向に進展していない。

北方領土交渉の経過と問題点

局面	時期	交渉	問題点
第1局面	1986年1月シュワルナゼ外相、訪日	シュワルナゼ、交渉に前向き	
	1987年ゴルバチョフ書記長、訪日延期	ソ連秘密警察KGB、日ソ関係断絶で在日ソ連公館から大量引揚げ	東芝潜水艦スクリュー音事件で関係悪化
第2局面	1988年7月中曽根前首相、訪ソ 1989年1月パリ日ソ外相会談	地ならし工作。宇野外相、領土問題の進捗なしには、ゴルバチョフの訪日は成功しないと指摘。	ペレストロイカ外交。シュワルナゼ外相、反発、1989年6月宇野の訪ソで拡大均衡取組みを提起。
	1991年4月ゴルバチョフ書記長、訪日	4島の確認、拡大均衡の具体化（北方交流）実現、1956年共同宣言の確認は不成立。	ゴルバチョフは「氷が動いた」と認識、千島返還を検討、色丹・歯舞の引渡しの討論。
第3局面	1993年エリツィン政権、国際関係打開の要請 11月エリツィン大統領、訪日	1993年10月外務省、返書、日ソ関係5原則を誓約。共同宣言の確認のみの東京宣言、ロシア、4島の存在を確認、ただし4島返還による平和条約締結の日本提案拒否。	1991年7月エリツィンの権力掌握成功。ロシア、経済・政治改革の混乱で日本の4島提案固執に反発。
	1997年11月橋本首相、訪ロ	クラスノヤルスク合意、12月平和条約締結問題日ロ合同委員会設立合意。	1996年7月海上自衛隊艦船、ウラジオストック訪問。1997年エリツィン政権、政治的安定回復。
	1998年11月小渕首相、訪ロ	元島民の4島自由往来で合意	
第4局面	2000年9月プーチン大統領、訪日	領土問題解決の交渉継続合意。	2000年5月プーチン政権成立。
	2001年3月森首相、訪ロ	イルツーク合意で共同宣言を確認。	
第5局面	2003年1月小泉首相、訪ロ	1956年宣言、1993年東京宣言、2001年イルツーク合意を確認。	行動計画に合意。
	2005年11月プーチン大統領、訪日	プーチン、領土討議を拒否。	成果なし。
	2008年7月洞爺湖サミット会談	平和条約交渉を確認。	2008年5月メドベージェフ政権に交代。
	2009年2月麻生首相、サハリン訪問	独創的で型にはまらない取組み合意。	
第6局面	2013年2月プーチン大統領、安倍首相特使・森元首相会談	「双方に受け入れ可能な解決策」作成で合意。	2012年5月プーチン大統領復帰。

北方領土問題

北方領土をめぐる世論
北海道の地元民には早期解決を求める声が多い

「4島一括返還」を堅持し続ける政府の北方領土政策を、市民はどう考えているのか。北海道民に対する世論調査では、地元民ほど、2島返還などの比較的早期に解決できそうな方向でまず妥協し、そこから先に進めることを望んでいるようだ。

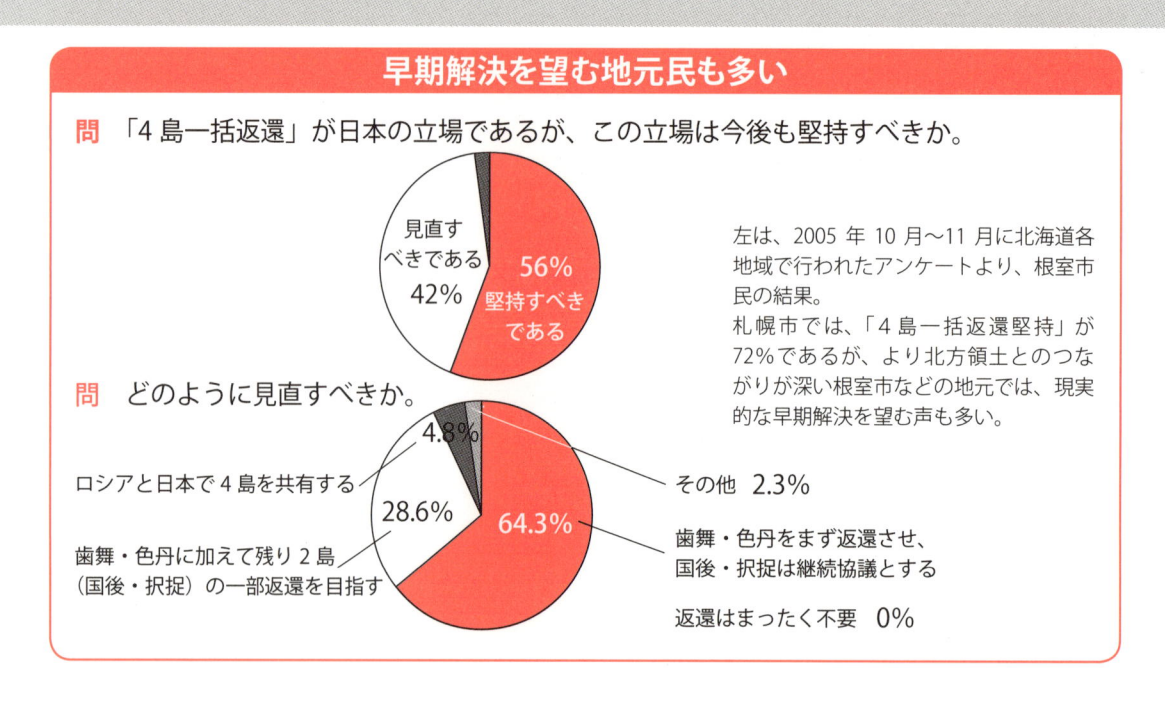

早期解決を望む地元民も多い

問 「4島一括返還」が日本の立場であるが、この立場は今後も堅持すべきか。

- 堅持すべきである 56%
- 見直すべきである 42%

問 どのように見直すべきか。

- 歯舞・色丹をまず返還させ、国後・択捉は継続協議とする 64.3%
- 歯舞・色丹に加えて残り2島（国後・択捉）の一部返還を目指す 28.6%
- ロシアと日本で4島を共有する 4.8%
- その他 2.3%
- 返還はまったく不要 0%

左は、2005年10月〜11月に北海道各地域で行われたアンケートより、根室市民の結果。
札幌市では、「4島一括返還堅持」が72%であるが、より北方領土とのつながりが深い根室市などの地元では、現実的な早期解決を望む声も多い。

4島一括返還が提起されてから60年、交渉は、まったく進展していない。市民の間からは、早期解決に向けて発想の転換を求める声も上がっている。

2005年10月から11月に、北海道の各都市・地域で行われた世論調査の結果が、上図および右図である。上の根室市民の結果を、右の北海道全体の世論にも照らしてみると、以下の通り要約できる。

1. 2島プラスαの決着を望む声が大きいが、2島のみで最終決着してよいとはしていない。
2. 旧島民の意見も、根室市の一般市民の見解に急速に近づいている。
3. 北方領土に住んでいた親族関係の有無とは相関関係が見られない。旧島民の多い羅臼町よりも根室市の方が見直し論が強い。羅臼町では、「返還はまったく必要ない」見解が8%ある。
4. 「4島一貫返還」について、根室市では、3人に2人が「見直すべき」としており、4島一括返還に消極的である。年齢層別では、20年代は35.2%となっている。これに比し、「守るべき」は年齢層からみると60年代は70%、70歳以上では78.2%を示している。
5. 返還は必要ないとの意見には、その理由として基盤整備に費用がかかるとの理由が大きく、その理解は消極的であった。関心がないのは12.5%であった。

北方領土交渉における日本の立場についての北海道民の意見、2005年10月～11月　　　　　　　　　　(%)

地域	4島一括返還を厳守	見直すべき	返還はまったく必要ない	分からない
5都市全体	72.6	23.0	3.4	1.4
札幌市	72.0	24.0	3.0	1.0
釧路市	68.0	31.0	1.0	0.0
根室管内	66.2	28.4	3.2	2.2
根室市	56.0	42.0	0.0	2.0
羅臼町	64.0	26.0	8.0	2.0

(注) 5都市は、札幌市、函館市、小樽市、稚内市、釧路市で、根室管内は根室市、中標津町、別海町、標津町、羅臼町である。
出所：岩下明裕『日ロ関係の新しいアプローチ』北海道大学スラブ研究センター、2006年、26頁。

北方領土交渉を見直すべきとする選択についての北海道民の意見、2005年10月～11月

見直すべき　選択1　日本とロシアで4島を共有する。
　　　　　　選択2　返還は歯舞・色丹2島とし、残り2島は共有する。
　　　　　　選択3　返還は歯舞・色丹2島とし、残り2島はロシアに残す。
　　　　　　選択4　返還は歯舞・色丹2島プラス1島とし、残り1島はロシアに残す。
　　　　　　選択5　歯舞・色丹2島を返還し、残りは今後の話合いに委ねる。　　　　　　　　(%)

地域	選択1	選択2	選択3	選択4	選択5	分からない
5都市全体	15.7	15.7	10.4	1.7	53.9	2.6
札幌市	16.7	8.3	0.0	4.2	70.8	0.0
釧路市	6.5	12.9	9.7	0.0	64.5	6.5
根室管内	17.6	14.8	2.1	5.6	57.0	2.8
根室市	4.8	23.8	0.0	4.8	64.3	2.4
羅臼町	26.9	7.7	0.0	7.7	57.7	0.0

(注) 5都市は、札幌市、函館市、小樽市、稚内市、釧路市で、根室管内は根室市、中標津町、別海町、標津町、羅臼町である。
出所：岩下明裕『日ロ関係の新しいアプローチ』北海道大学スラブ研究センター、2006年、30頁。

北方領土返還は必要ないとする理由についての北海道民の意見、2005年10月～11月

必要ない　理由1　既にロシア人が住んでいるから。
　　　　　理由2　返還されてもだれも住む人がいないから。
　　　　　理由3　返還後、道路や電力など社会基盤整備に大きな費用がかかるから。
　　　　　理由4　この問題に関心がないから。
　　　　　理由5　その他。　　　　　　　　　　　　　　　　　　　　　　　　　　　(%)

地域	理由1	理由2	理由3	理由4	理由5	分からない
5都市全体	20.0	0.0	46.7	26.7	6.7	0.0
札幌市	33.3	0.0	0.0	33.3	33.3	0.0
釧路市	0.0	0.0	100.0	0.0	0.0	0.0
根室管内	18.8	0.0	50.0	12.5	18.8	0.0
根室市	0.0	0.0	0.0	0.0	0.0	0.0
羅臼町	12.5	0.0	37.5	25.0	25.0	0.0

(注) 5都市は、札幌市、函館市、小樽市、稚内市、釧路市で、根室管内は根室市、中標津町、別海町、標津町、羅臼町である。
出所：岩下明裕『日ロ関係の新しいアプローチ』北海道大学スラブ研究センター、2006年、32頁。

北方領土問題 ロシア住民の世論と日本返還論

平和条約には賛成、しかし北方領土返還には反対が多数派

日本では4島返還を目指しているが、ロシア側島民の約61％が返還に反対している。しかし、日本との平和条約に賛成する声も条件付きながら約65％あり、領土返還をよしとする声も一定数存在するのは注目される点だ。

北方領土に関するロシア島民の世論　2005年10月調査

質問	無条件賛成	条件付賛成	反対	分からない	無回答
平和条約への賛否	21.0	44.7	16.7	13.7	4.0
領土の日本返還	2.0	28.7	61.3	7.3	0.7
	島に残る	島から出る			
返還後の対応	23.3	43.0	—	24.0	9.7
	可能	条件付可能	不可能		
日本人との共存	20.0	23.7	38.7	15.0	2.3

（注）条件付賛成の条件の内訳は、以下の通りである。
　　　金銭補償　　　　　　83.7パーセント
　　　ロシア国籍の残存　　16.3
　　　島への残存　　　　　15.1
　　　日本国籍の取得　　　 8.1
　　　その他　　　　　　　 5.9
　　　無回答　　　　　　　 0.0

（出所）岩下明裕『日ロ関係の新しいアプローチ』北海道大学スラブ研究センター、2006年、43－63頁。

2005年10月、北方4島のうち、3島（択捉島・国後島・色丹島）の**ロシア島民**300人に対しても、北海道新聞が意識調査を実施した。その結果は、上に示したとおりである。

日本との**平和条約**には条件付賛成を含めると約65％が賛成としているものの、北方領土の**日本返還**を論点にすると、約61％が反対している。条件付賛成の「条件」は、金銭補償が80％を超えている。また、日本人との共存を可能と考える割合が約44％なのに対し、不可能の割合は約39％であった。

なお、ロシア側にも、北方領土を返還すべきとの主張がある。

グローバル化問題研究所長ミハイル・デリャーギンは、ロシアの返還選択の議論を提起した。また作家アレクサンドル・ソルジェニツィーンは、『廃墟のなかのロシア』のなかで、ロシアは「エセ愛国主義」で日本に領土を返還していない、とロシア政府を批判した。彼は、日本の返還要求を支持し、これにより日ロ善隣関係が実現できるとしている。

2010年11月15日ロシアの「ベドモスチ」社説は、台頭する中国に日本と協力して対抗するための第一歩として、歯舞群島・色丹島を引渡しあるいは共同統治とする必要があると指摘した。

ロシア内の「北方領土と日本返還」論

●ミハイル・デリャーギン
（2009年4月1日の記者会見での発言）（抜粋）

「経済危機を切り抜けるための財政資金をどう捻出するかの模索の中で、ロシアは、北方領土とカリーニングラード州を引き渡す決断をすることもありうる」

※カリーニングラード州は、ロシア最西端の飛び地。州都カリーニングラードは、かつてプロイセン公国・プロイセン王国の首都だった。上の発言は、その地をドイツに売り渡して資金を回収することを考えているという意味である。

「（ロシアの財政事情について）ここ数か月は安定した状況を保証することができるが、夏になれば、社会的混乱が引き起こり、秋を迎える頃には、政府は多くの問題と衝突する恐れがある」

「（プーチン首相の政府は）熱でも冒されたかのように、ただひたすらに運営資金の調達に走り回っている」

「いま、政府は、北方領土の日本への引き渡しの可能性を模索している」

●アレクサンドル・ソルジェニツィーン
『廃墟のなかのロシア』（抜粋）

「我が政権は交代したが、南クリル諸島（千島列島）の問題に対しては一貫した態度をとってきた。しかしこの態度は、あまりにも愚かで、許しがたいものである。ロシア人のものである何十という広大な州をウクライナやカザフスタンに惜しげもなく譲渡し、80年代末からは我が政権は国際政治の舞台でアメリカに取り入ってきた。それなのに、他に例を見ないようなエセ愛国主義の意固地と傲慢から、日本に千島列島を返還することは拒んできている。これらの島がロシアに帰属していたことは一度もなかったし、革命以前にロシアが所有権を主張したことは一度もなかった（ゴロヴニン艦長は19世紀初頭に、プチャーチン提督は1855年に、現在日本が主張している国境を認めていた。1904年に日本の攻撃を受け、国内戦のときには干渉されたから、ロシアは侮辱を受けてきたのだという弁解をするのなら、1941年に締結された5年期限の「中立」条約を破って、ソ連が日本を攻撃したことは、いったい侮辱に当たらないとでもいうのだろうか）。ロシアの未来がかかっているかのように、これらの島を抱えこんで放さない。国土の狭い日本がこれらの島の返還を要求するのは、国家の名誉、威信に関わる大問題だからである。周辺の漁業資源の問題をはるかに超えた問題なのだ。漁業資源の問題なら協定を結べばよい。来るべき世紀で、ロシアが西にも南にも友人を見つけられず、ますます窮屈な思いをすることになるとすれば、この充分に実現可能と思われる善隣関係、さらには友好関係を斥ける理由は何もない。」

●ロシアの経済紙「ベドモスチ」社説
（2010年11月15日）（抜粋）

「日ロ両国は長期的な政治的接近に向けたロードマップを策定すべきだ」

「（そのためには）歯舞・色丹の引き渡しあるいは共同統治が必要だ」

「ロシアにとって日本は経済協力だけでなく、東アジアにおける均衡を図るためより好ましいパートナーと見え始めている。しかし、平和条約締結なしに日ロ間の全面的協力ができるかは疑問だ」

ロシア国内にも日本への北方領土返還論が存在する

北方領土問題

北方領土に対する欧州の見解

米国のみならず欧州議会も日本への北方領土返還を支持

北方領土は返還すべきと主張する人はヨーロッパなどにもいる。2005年には欧州議会で「北方領土は日本に返還すべき」との採決がなされた。北方領土返還を欧州が支持したのは初めてで、ロシアでは強い反発が起こった。

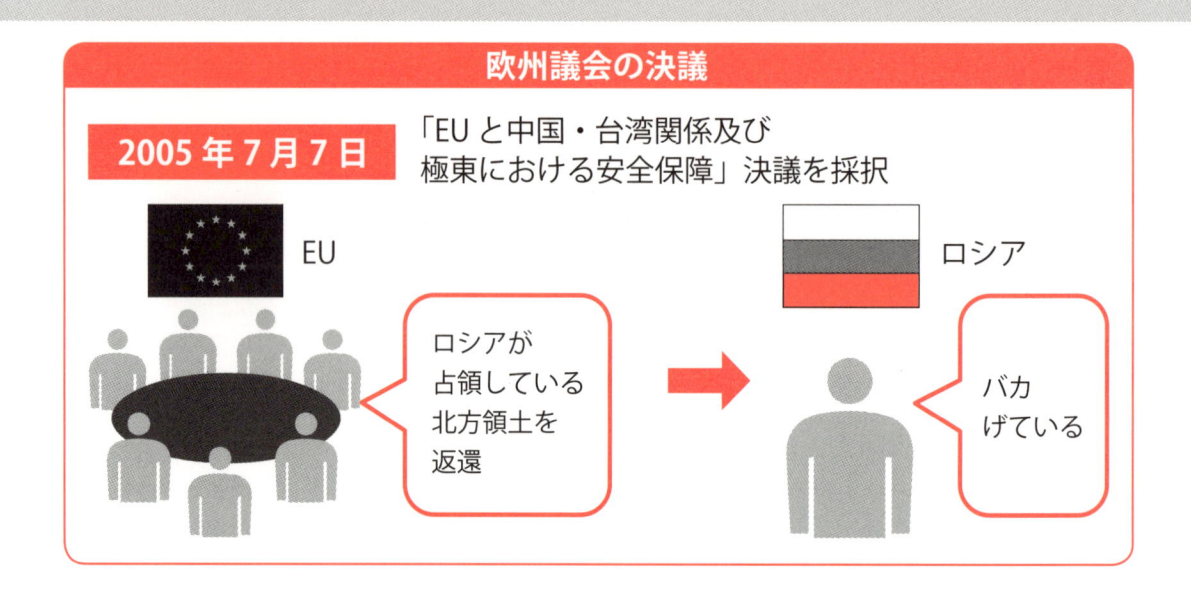

欧州議会の決議

2005年7月7日

「EUと中国・台湾関係及び極東における安全保障」決議を採択

EU：ロシアが占領している北方領土を返還 → ロシア：バカげている

他国の見解でも、北方領土を日本に返還すべきとするものがある。

毛沢東中国共産党主席は、1964年7月10日日本社会党訪中代表団に対し、「とにかく自分の領内に入れることのできるところは、残らず自国の領内に入れる」としたソ連の態度を批判し、千島列島の日本への領土返還を取り上げていた。

欧州議会は、2005年7月7日「EUと中国・台湾関係及び極東における安全保障」決議を採択し、「極東関係諸国が未解決の領土問題を解決する二国間協定の締結を目指すことを求める」として、竹島問題及び尖閣諸島問題の解決と並記して、「第二次世界大戦の終結時にソ連により占領され、現在、ロシアにより占領されている北方領土の日本への返還」を求めた。

ロシア外務省は、この決議に対し二国間問題の解決に第三者の介入は不要であると論評した。モスクワ特派員は「ロシア通信によると、ウラジーミル・チジョフ露外務次官は18日、欧州連合（EU）の欧州議会が今月7日、北方領土の返還をロシアに促す決議を採択したことについて、「バカげている。欧州議会は別の惑星に住んでいるようだ」と強く反発した。欧州議会の決議は、極東の安全保障強化を東アジア諸国に呼びかけたもので、北方領土については「第二次世界大戦末期にソ連によって占領された」とし、日本への返還を求めた。それまで、北方領土問題をめぐり、主要国で日本を支持していたのは米国だったが、欧州議会が日本支持の決議を採択したのは初めてであった。なお、この件は、日本では論議されなかった。

日本とロシア（ソ連）の交渉のまとめ

	主な出来事
1947年10月6日	衆議院外務委員会、択捉・国後・色丹諸島領土復帰の請願を審議。
1951年3月31日	衆議院、歯舞諸島返還懇請決議成立。
11月13日	参議院特別委員会、歯舞・色丹諸島返還の司法裁判所付託を審議。
1956年7月31日	重光葵外相の訪ソ、日ソ領土交渉
10月7日	鳩山一郎首相の訪ソ
10月19日	日ソ共同宣言調印
1960年1月27日	ソ連、外国軍隊が日本から撤兵しない限り、歯舞・色丹は日本に引き渡さないと通告（いわゆるグロムイコ通告）
1961年9月	池田勇人首相、参議院本会議で択捉・国後・歯舞・色丹は日本領土であると確認。
1962年3月9日	衆議院、日本固有の北方領土返還決議成立
1964年11月18日	日本、国連植民地24カ国委員会に北方領土問題覚書提出。
1965年4月6日	衆議院、北方領土返還決議成立
1969年3月5日	元島民が色丹島・国後島への転籍届提出。
1970年5月1日	法務省通達で北方領土の土地・建物など不動産登記受理。
10月18日	モスクワ放送、日ソ国交回復共同宣言14周年の主張「南クリル諸島の帰属問題は解決済」。
1971年9月20日〜26日	日本共産党幹部会議長宮本顕治の訪ソ、歯舞・色丹2島の返還をソ連に申入れ
1976年5月14日	モスクワ放送「領土問題で日本に例外要求の権利はない」。
1991年4月16日〜19日	ゴルバチョフ大統領、訪日
1993年10月	日本外務省、日口関係5原則成立。
1997年11月1日〜2日	クラスノヤルスク合意
1998年4月18日〜19日	川奈合意成立
11月11日〜13日	小渕恵三首相、ソ連訪問、エリツィン大統領と会談。
2001年3月25日	イルクーツク首脳会談
2003年1月9日〜12日	小泉首相、ソ連訪問。日口行動計画に合意
2004年11月14日〜16日	ラブロフ・ロシア外相、ロシア放送で、1956年日ソ共同宣言の存在を確認
2005年11月20日〜21日	プーチン大統領、訪日
2008年7月8日	G8洞爺湖サミットでの首脳会談
2009年2月19日	麻生太郎首相、訪ソ、サハリンでメドベージェフ大統領と首脳会談

- 歯舞諸島は北海道本土の一部で、天然的、歴史的環境があるため返還してほしいと請願
- 全国的な運動となった
- 領土問題のみを平和解決の問題として提起する日本を批判
- 領土問題があることをはじめて文書で確認
- 東京宣言に基づき、2000年までに平和条約を締結するよう全力を尽くす」ことが確認された
- 「平和条約が東京宣言第2項に基づき4島問題を解決することを内容とし、21世紀に向けての日露の遊行協力に関する原則などを盛り込む」ことが確認された
- 「平和条約が存在しないことが発展を阻害」と発言するも、交渉の進展はなし
- 「新たな独創的で型にはまらない取組みをとる」ことで合意。

第4章　北方領土問題　ロシアからの返還は実現するか？

北方領土問題

北方領土問題、今後への提言

成熟した外交姿勢で解決を見いだす必要がある

北方領土に対する日本の対応は一貫性がなく、外交的敗北というほかはなかった。近年、ロシア側が「実効的支配」を強めている中で、日本は領土外交をどのように復活させ、活路を見いだしていくかが、今後の北方領土問題解決の鍵になる。

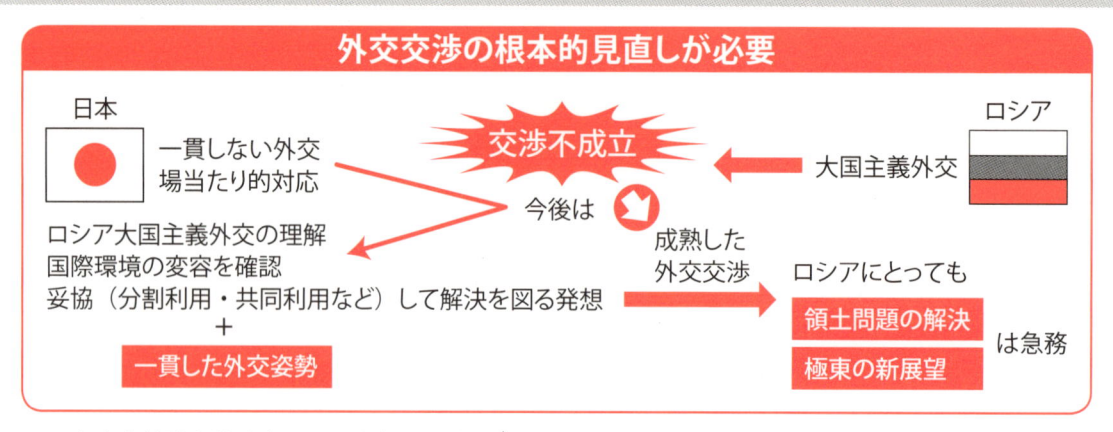

外交交渉の根本的見直しが必要

日本：一貫しない外交 場当たり的対応
→ ロシア大国主義外交の理解 国際環境の変容を確認 妥協（分割利用・共同利用など）して解決を図る発想 ＋ 一貫した外交姿勢

ロシア：大国主義外交

交渉不成立 → 今後は 成熟した外交交渉

ロシアにとっても 領土問題の解決 極東の新展望 は急務

　日本政府首脳と外務当局の北方領土交渉に注いだ熱意と努力は高く評価できる。しかし、北方領土交渉は、いっこうに進展していない。その理由は、以下のとおりである。

1. 日本の外交方針および取り組みに一貫性がなく、徹底遂行の決意が見られない。すでに日本は外交的に敗北している。ロシア（ソ連）の領土に固執したがる大国主義外交の手法も理解していない。

2. 領土問題は解決済みとロシアが言い出してきたが、日本はそれを自ら受け入れ、問題解決を回避してきた。日本は、ロシアの要求にも応えてきていない。

3. ロシアは領土問題の解決と極東の新展望を外交的課題とし、その遂行を急務としている。外交交渉では、日本の外交原則はあるものの、ロシアの大国主義外交スタイルを理解していないため、一貫性を貫けず場当たり的対応に追われ、その方策の多くは生産的でない。これでは外交交渉は成立しない。

4. 日本は、中国がダマンスキー島／珍宝島交渉で成功した教訓を学んでいない。分割利用とか共同利用とかの妥協して解決を図る発想が日本にはない。したがって、外交交渉が打開される方向性に欠ける。

5. 日本の外交政策には、原則を貫き、相手の立場を変えてこそ解決するという選択がない。国際環境の変容を確認して、新選択がなされない限り、外交交渉は現下の行き詰まり状況を脱出できない。

　2012年12月の安倍晋三自由民主党政権の成立で、ロシアとの外交が復活した。そこでは、従前の外交ネットワークが活用され、国益外交の遂行がなされるところで、エリツィン・ロシア元大統領も1つの外交課題として日ロ外交の懸案課題の解決に深い関心を見せた。どこまで**日本が外交を転換**して活路を見いだせるかに、北方領土問題はかかっている。そのキーワードは共存と生活の向上だ。それを示した一例が右図である。

北方領土交渉　転換発想の１つの解決シナリオ（著者私案）

日本　　　　　　　　　　　　　　　　　**ロシア**

日本	ロシア
北方領土は、我が国固有の領土です。返却してください。私たちは住む権利があります。	私が統治しています。住民もいます。その要求に応じることは**不可能**です。

▼ **それでは、共存することはできないでしょうか？**

日本	ロシア
住民が北方領土に戻り、先祖とともに生活し、ロシア人と共存します。	ロシア人との共存はよいことです。ロシアは投資しています。**共同管理地域**はどうですか。

▼ **領土の返還が基本です。**

日本	ロシア
日本人の生活と地域の自治の伝統の復活が基本です。主権が残れば返還ということになりません。	日本人の居住、共同体の復活を認めます。**主権は放棄できません。**

▼ **主権と生活権の保障を考えましょう。**

日本	ロシア
日本の主権を確認して、日本の統治を認め、共同管理区域としましょう。ロシア人の生活は、日本人となってもよく、ロシア人としての在住登録をしてもよく、自由です。ロシア企業もそのままです。	ロシアは共同管理地域として、日本統治の上に、共同管理委員会を置きます。ロシア人のロシア中央への代表を認めます。日本人は当然に日本人の代表権があります。現地の代表参加は、ロシア人、日本人とも対等です。

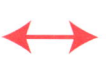

▼ **その共同管理の実態はどうなっていますか。**

1. 日本、ロシア同数の委員で構成されます。
2. その委員会の機能は、日本のロシア投資などの両国協力、そして北方領土の開発など、当該地域の実務的問題をすべて処理します。
3. 日本の一部として、日本全土での共存が可能となります。

日本の国境を形成する島々④
小笠原諸島

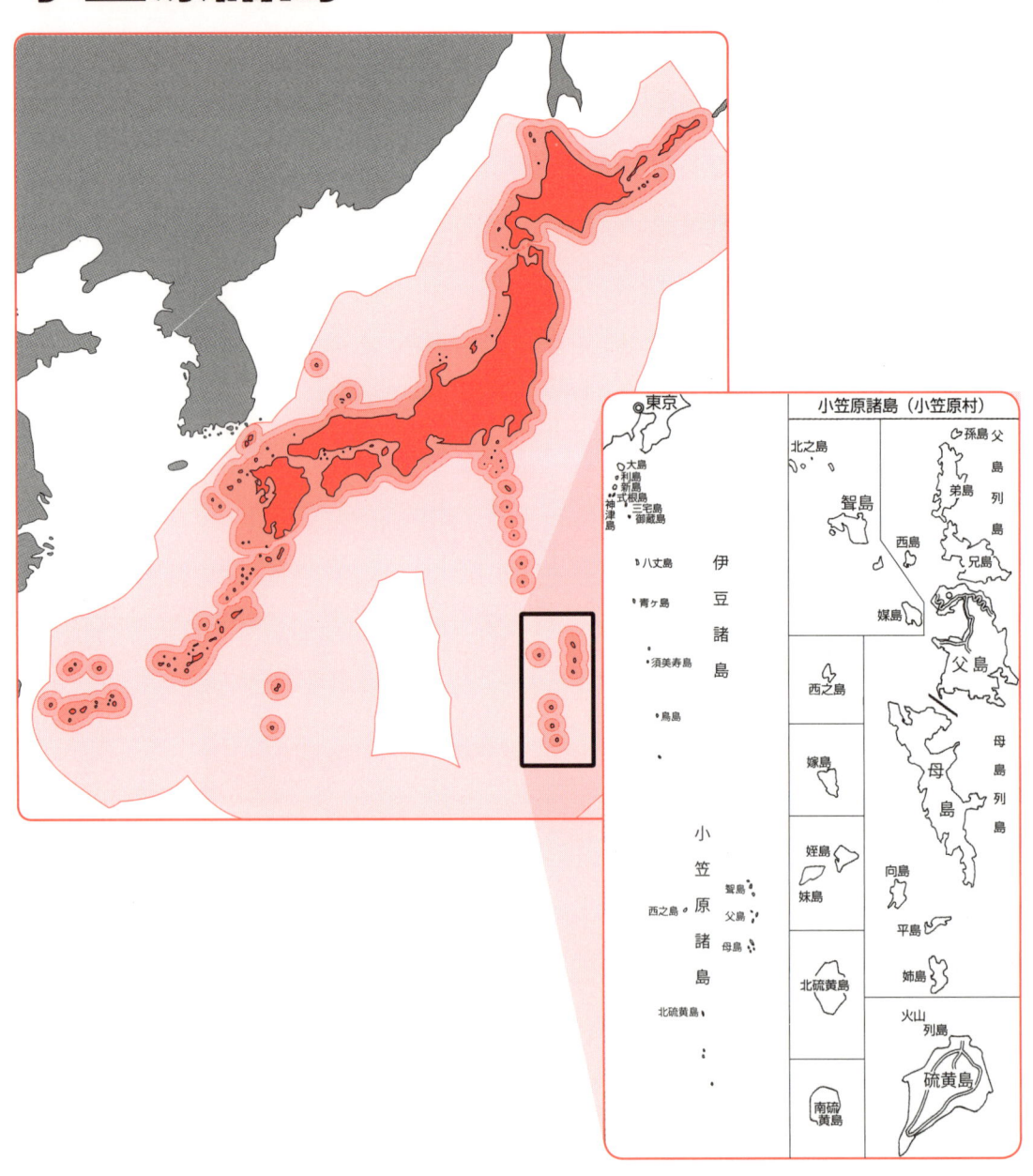

　小笠原諸島は、太平洋にあって、東京の南南東ほぼ1000〜1250キロメートルの海域に散在する島嶼で、江戸時代の無人嶋（ぶにんしま）が転訛したボニン諸島とも称される。

　北緯27度45分から24度14分の辺りにほぼ南北に並ぶ小笠原群島、火山列島（硫黄列島）、沖ノ鳥島、南鳥島からなる。沖ノ鳥島は日本最南端である。

　小笠原群島は、父島列島、母島列島で構成される。父島は最大の島で、面積は23.99平方キロメートルである。

第 5 章

日本の国境防衛

| 国境防衛 | 島国日本と領海防衛 |

外敵の侵略に備えるという防衛思想がなかった日本

日本は、大陸棚で大陸とつながり、また、大小の多数の島で国土が形成されている。その特徴が、外敵に予め備えるという認識を欠き、侵攻を受けてから対応するという特異な対外認識を醸成してきた。

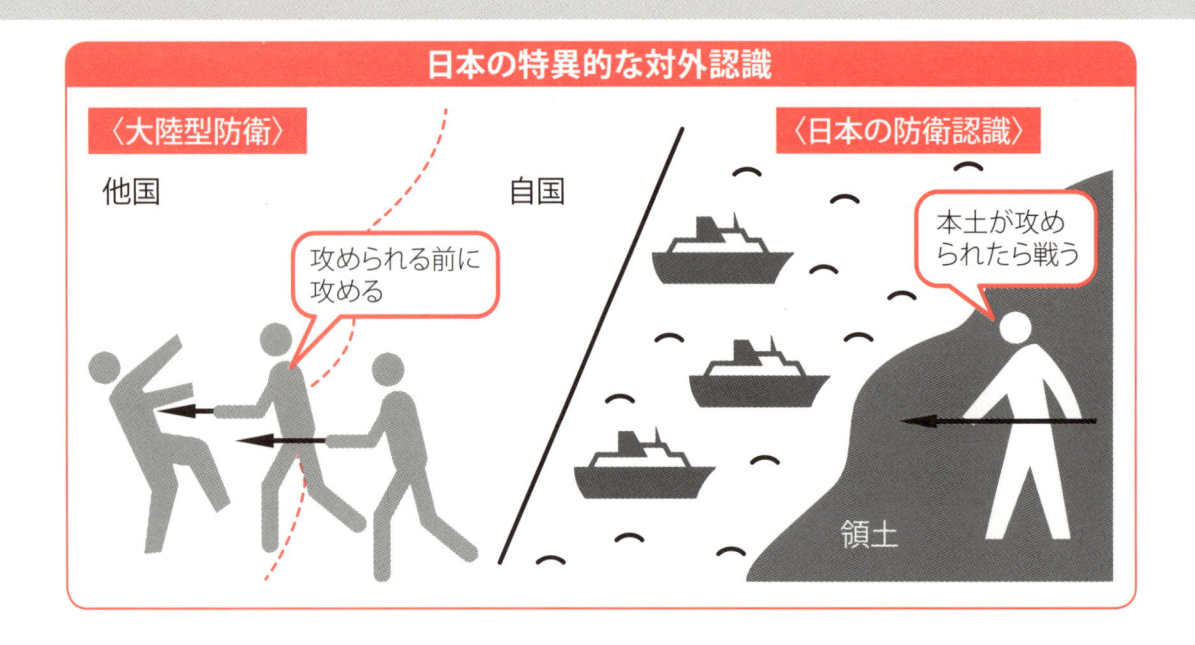

日本の特異的な対外認識

〈大陸型防衛〉
他国　自国
攻められる前に攻める

〈日本の防衛認識〉
本土が攻められたら戦う
領土

　島嶼国家といっても、さまざまある。オーストラリアは島というより大陸であり、フィジーなどは大洋に浮かぶ島という条件にある。これに対して、日本は、大陸と**大陸棚**で接した立地条件である。加えて、日本は、おびただしい数の**島**で構成されている。このことが、「本土防衛」といった日本の特異的な対外認識を生み出した。

　日本の対外防衛は、新羅寇、刀伊賊寇、2度の元寇、そして応永の外寇、さらに安政の外寇に原型が見られる。外敵に対する防備は、「外敵は神風が討ち滅ぼす」をいう神話を生み、そのため、日本においては、外敵を事前に海洋において防止し阻止するという発想が誕生することなく、もし、内陸・本土に侵攻されたら陸地で待ち受けて撃破するという伝統が根付いた。**本土決戦**という思想がそれだ。そのため、16世紀初頭に外国の軍艦が日本沿海に姿をみせるまで、外敵に備える努力はなされなかった。

　こうして、外敵の侵略がない以上、外敵に備える防衛は必要はないという道理が成り立ち、外敵の侵略を受けてからの対応のみを主眼とする**防衛思想**が生まれることとなった。この対外認識は、平和憲法第9条の信念に反映され、冷戦期にあっては、日本に対する脅威はなく、防衛は必要でないという風潮が醸成されてしまうところであった。

　竹島・尖閣諸島・与那国島に対する脅威も、認識されないまま、侵攻されてもそのまま時を過ごしてしまうことになった。

島嶼国家の類型

地質的存在条件	存在形態	国名
大陸棚	島の集団（大・小）	日本
大陸棚	主要島に集中	英国、マルタ、キプロス
2つの大陸棚	島の集団（大・小）	インドネシア
大陸	主要島に集中	オーストラリア
大洋	島の集団	コモロ、フィジー
大洋	2つの島に集中	マダガスカル

日本の島の規模

	島名	所属	面積（平方キロ）	備考
1	本州		227,972	
2	北海道		77,984	
3	九州		36,750	
4	四国		18,299	
5	択捉島	北海道	3,183	北方領土
6	国後島	北海道	1,499	北方領土
7	沖縄島	沖縄	1,208	
8	佐渡島	新潟	855	
9	奄美大島	鹿児島	712	
10	対馬	長崎	696	
11	淡路島	標語	592	
12	天草下島	熊本	574	
13	屋久島	鹿児島	505	
14	種子島	鹿児島	445	
15	福江島	長崎	326	
16	西表島	沖縄	289	
17	色丹島	北海道	250	北方領土
18	徳之島	鹿児島	248	
19	島後	島根	242	
20	天草上島	熊本	225	
21	石垣島	沖縄	223	
22	利尻島	北海道	182	
23	中通島	長崎	168	
24	平戸島	長崎	164	
25	宮古島	沖縄	159	
26	小豆島	香川	153	
27	奥尻島	北海道	143	
28	壱岐島	長崎	134	
29	屋代島	山口	128	

（注）100平方キロ以上の島を掲げた。
出所：国土地理院「平成22年全国都道府県市区別面積調」。

国境防衛 / 海峡防衛の必要性

世界戦略上も重要な宗谷・津軽・対馬の3海峡

日本列島は極東において大陸権力と海洋権力が接触する要線に位置している。宗谷・津軽・対馬海峡などを艦船が航行できるかどうかは、大陸沿岸国の外洋進出にとって重要な問題である。それは日本列島を横断することになる。

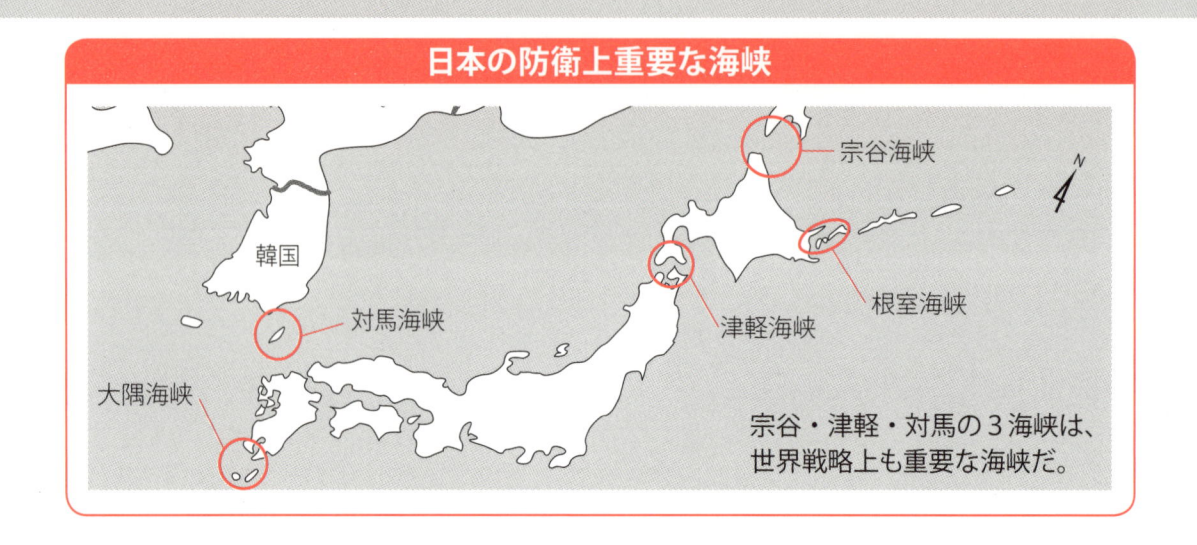

日本の防衛上重要な海峡

宗谷・津軽・対馬の3海峡は、世界戦略上も重要な海峡だ。

ソ連太平洋艦隊にとって**宗谷・津軽・対馬の3海峡**は、外洋進出のために避けることのできない天然の障害である。また、根室海峡及び北方領土周辺の水道は、オーホツク海と太平洋を結ぶ重要な海域で、ロシア（ソ連）にとって、その支配は放棄することできないものだ。

ロシア（ソ連）の外洋進出の戦略として、朝鮮半島38度線から日本海を横切り留萌─釧路を経てカムチャッカ半島に連なる戦略線が十分存在しうる。この戦略線内には、北海道北部と宗谷海峡・根室海峡がある。他国（日本）の国土を横断して軍事国防線が設定されるというのは注目すべきところだ。

1977年2月14日、鈴木善幸農相は、国会審議で、津軽・宗谷・対馬・大隅海峡の国際海峡化を是認すると答弁した。これには、同年の1月7日に鈴木農相が、津軽海峡を領外の例外とする棚上げ論を表明し、野党から、外国の核艦船の通過を許し、非核三原則がなしくずしになるとの反対にあった経緯がある。

1982年12月14日、中曽根康弘首相は、「ウォールストリート・ジャーナル」との単独記者会見で、米防衛当局が求めている有事の際の宗谷・津軽・対馬3海峡の機雷封鎖措置について、「そのような具体要請も示されていないが、3海峡封鎖はすべてわが国の防衛の範囲内にある」と発言した（海峡封鎖については、これ以上の議論はなかった）。

以上のように、ロシア（ソ連）の脅威下で、日本としては、**海峡防衛**は基本戦略でなければならない。そのための防衛体制、つまり指揮・統制・通信・情報機能の確立が、1980年代以降、取り組まれてきたと言えよう。

第二次世界大戦後のスターリンの要求

■スターリンのトルーマン米大統領あて親展秘密書簡

①「ソ連軍に対する日本軍隊の降伏区域に**千島列島**の全部を含めること」を要求。

↓

ソ連軍は、戦争の終結にもかかわらず、その後、強行して軍事進駐。

②「ソ連軍に対する日本軍の降伏地域に、樺太と北海道の間にある**宗谷海峡**と北方で接している**北海道北半部**を含めること。北海道島の北半と南半の境界線は、島の東岸にある釧路市から島の西岸にある留萌市に至る線を通るものとし、この両市は島の北半に含める」

↓

米国が拒否。日本は分割占領を免れる。

■その後……

1951年9月5日対日サンフランシスコ講和会議で、ソ連のグロムイコ代表が、平和条約改正条項の末項13に、次の2点を加えるよう、要求。

1、**宗谷海峡・根室海峡**の日本側全沿岸及び**津軽海峡・対馬海峡**を非武装化する。この2海峡は、常にあらゆる国の商船に対して開放される。
2、本条1項に掲げた諸海峡は、日本海に隣接する軍艦に対してのみ開放されるものとする。

↑

この要求は成立しなかった。

↑

ソ連のトルコ海峡政策と軌を一にする。

対馬海峡防衛の歴史

	主な出来事
7世紀	防人の役
13世紀	二度の元寇(文永・弘安の役)
16世紀	文禄・慶長の役
1861年2月~8月	ロシア軍艦ポサドニック号事件(対馬藩で島民が被弾し、家臣が憤死した事件)。
	明治期に全島が要塞化
1886年	陸軍対馬警備隊が設置。
1887年	要塞建設に着手。
1888年10月	4砲台が完成。
1904年	日露戦争に備えて要港部司令官が任命され、バルチック艦隊に対する防衛態勢をとる。
1920年	対馬警備隊司令部は対馬要塞司令部となり、対馬全島の要塞化が実現。

- 幕府は外国奉行を対馬に派遣し、ロシア艦の退去交渉に成功し、英国も関与して日本は植民地化の危機を脱することに成功。
- ロシア・英国を初めとする列強の対馬接近に脅威を感じた。
- 完成後、日清戦争を迎えた
- 日本海海戦の聯合艦隊水雷艇は対馬の竹敷港・尾崎港から出撃した。

九州と朝鮮半島の間の海域が対馬海峡(対馬はその間にある島)。
対馬は地理的に朝鮮半島に近く、韓国では現在、対馬要求運動が展開されている。

国境防衛 東シナ海の防衛

中国の東シナ海進出と日米の防衛措置

中国は海洋戦略上、南シナ海と同様に東シナ海への進出も図っており、尖閣諸島問題もその一環といえる。それに対し、日本および安保条約を結んでいる米国の防衛体制はどうか？

尖閣諸島問題を国家戦略に位置づける中国に対抗するために……

1 尖閣諸島問題は、中国にとって支配回復という国家戦略上の課題。そのための決定・実施体制も確立済み。

2 中国は、南シナ海と同様に東シナ海の海洋権益の確保のため、必要ならば、戦闘行為も辞さない決意にある。

3 したがって、日本だけでなく、同盟体制にある米国にとっても、尖閣諸島問題は安全保障上の緊要な課題。

4 尖閣問題処理の前提条件として、尖閣諸島・与那国島など西南地域への自衛隊（などの公務員）の常駐が、地域の安定的維持・管理のための選択肢の1つとなった。海上保安庁は尖閣諸島専従部隊を編成し、巡視船12隻を配備。

5 近隣諸国との国益の調整・対立を解決するために、棚上げ・持ち越しの手法はもはや有用ではない。中国はすでに、指揮・決断発動の段階にある。

2012年12月13日、**中国機**が日本の東シナ海空域で**領空侵犯**を繰り返す事件があった。しかし、沖縄本島の基地から400キロメートル離れており、F15戦闘機をスクランブル発進させるもなかなか間に合わなかった。

尖閣問題が激化していた2013年1月、東シナ海の日中中間線の日本側で、中国海軍艦艇が海上自衛隊のヘリコプターおよび護衛艦に向けて**火器管制レーダー**を発射する事件が起きた。中国国防部は戦争行為となりかねないこの事実を当初は否定したが、結局、現場の英雄的行為として落着した。

米軍は、偶発事故の危険性を高めるレーダー発射につき、中国に警告しており、対日防衛義務を定めた**日米安全保障条約**が尖閣諸島に適用されるとの立場を繰り返し表明した。その米軍の行動に、中国は強い危機感を持った。

2013年3月19日には、日米両国は沖縄・尖閣諸島をめぐる日本有事を想定した**共同作戦**を策定する方針を確認した。

そして、2013年11月23日に中国が定めた東シナ海の**防空識別圏**に尖閣諸島上空が含まれていることが判明した。当然、尖閣諸島を「固有の領土」とする日本の防空識別圏も設定されている。日米は自衛隊機、B-52爆撃機を、それぞれ11月28日・26日に中国への通告なしに、尖閣諸島上空の防空識別圏内で飛行させた。翌年2月14日、ジョン・ケリー米国国務長官は、習近平国家主席らとの会談で、防空識別圏問題について中国側の自制を要求した。

中国軍の**海洋権益**への関与は、いよいよ深まってきた。尖閣諸島海域での戦闘行動は、いつでも起こりうる状況にある。

中国の東シナ海進出と日米の対応

	主な出来事
2004年11月10日	中国漢級原子力潜水艦の日本領海侵犯事件（石垣島周辺）、米軍も追尾し、台湾も関連情報を日本に提供した。中国は通常の訓練と釈明したが、潜行可能な現地海底組立を終えていた。
2012年9月	中国は尖閣問題を統括する組織（党中央海洋権益維持工作指導小組）を創設。
12月13日	中国機が日本の領空侵犯。12月22日、24日、25日、26日、1月5日、11日、15日とF15戦闘機のスクランブル発進が続いた。
2013年1月19日	東シナ海の日中中間線の日本側で、中国海軍艦艇が日本海上自衛隊ヘリコプターへ向けて火器管制レーダーを発射。
1月30日	尖閣諸島近海で、海上自衛隊の護衛艦に中国艦艇が火器管制レーダーを発射。防衛省は慎重に解析し、2月5日公表。
1月7日	中国国防部は日本が対外公表した事案の内容は事実に合致しないと発表。翌8日、火器管制レーダーの使用を否定。
1月10日	米軍は、尖閣諸島海域に空中警戒管制機を投入。
1月17日	中国海軍東海艦隊が、東シナ海でミサイル演習を実施。
1月29日	中国北海艦隊が西太平洋で実弾演習。尖閣諸島海域におけるヘリコプター搭載船の展開を強化。
3月19日	日・米両国は、沖縄・尖閣諸島をめぐる日本有事を想定した共同作戦を策定する方針を確認。
2013年11月23日	中国、尖閣諸島上空を含む東シナ海の防空識別圏を設定。
11月26日	米軍B-52爆撃機が中国への通告なしに、尖閣諸島上空の中国の防空識別圏内を飛行。
2014年2月14日	ジョン・ケリー米国国務長官、習近平国家主席らとの会談で中国の防空識別圏について自制を要求。

尖閣諸島までの距離比較

中国大陸との距離	約330km
台湾との距離	約170km
石垣島との距離	約170km
沖縄・那覇との距離	約410km

- 領空侵犯されてからの、緊急発進がなかなか間に合わなかった
- 国際連合憲章の武力による威嚇に該当する可能性があった
- 結局、レーダー発射の事実を中国国防部も認め、現場の英雄的行為ということで落着した
- 米軍は、偶発事故などの危険性を高めとして、レーダー発射について中国に警告していた
- 中国高官は、すでに日本との臨戦態勢に入ったことを確認
- 中国の尖閣諸島への侵攻を想定し、陸上自衛隊の奪還作戦の展開、米海兵隊の支援などの作戦遂行を内容としている
- 日本の防空識別圏も以前から設定されている

第5章　日本の国境防衛

国境防衛　西南防衛計画

尖閣諸島と同様、
防衛空白地帯となっている与那国島

西南群島は、九州南端から台湾北東にかけての島嶼群で、その海域・空域における日本の防衛計画は、適切に対処していない。とりわけ、最西端に位置する与那国島は那覇よりも台湾、および中国本土に近く、防衛空白地域となっている。

先島諸島・与那国島からの距離関係

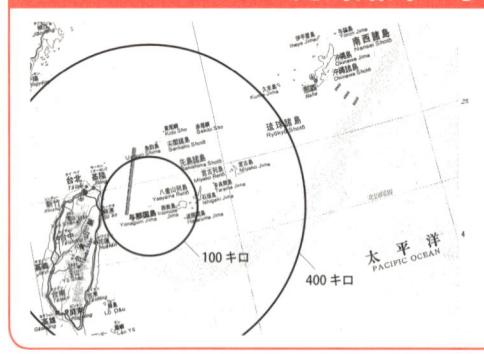

沖縄・那覇まで	約510km
石垣島まで	約120km
台湾まで	約110km
台湾・花蓮まで	約150km
台湾・台北まで	約170km
中国・福州まで	約400km
厦門まで	約400km

　西南群島とは、九州南端から台湾北東にかけての島嶼群の総称である。薩南諸島（大隅諸島、トカラ列島、奄美群島）、および、沖縄諸島（沖縄本島、久米島、硫黄鳥島、慶良間列島など）と先島諸島（宮古列島、八重山列島、尖閣諸島）から成る琉球諸島、そして大東諸島で構成される広大な海域に位置している。

　その海域・空域における日本の防衛計画は、適切に対処できていない。自衛隊の航空レーダーサイトは宮古島より西にはない。尖閣諸島はもちろんのこと、西南群島南部は防衛空白地域である。

　その最西端に位置する与那国島は、那覇よりも台湾および中国本土に近い。中国軍艦は2002年10月、12月に与那国島と西表島の間の接続水域を航行した。現在のところ与那国島の領空侵犯は起こっていないが、仮に起きたとして、那覇基地からは対処できる条件にはない。空白地帯をカバーするレーダー基地の建設は急務となっている。

　日本の陸上自衛隊沿岸監視部隊は、現在、沖縄本島以外にはない。2011年11月に与那国島への配置を、政府は決定した。2015年までに実現予定となっているが、緊急に常時監視態勢を強化することが必要だ。

　しかし、自衛隊の基地を受け入れることは、与那国島の島民感情を二分しかねない。反対派は島の自立が崩れると主張している。自衛隊が来なければ、中国も侵攻せず平和は維持できるという感覚にある。反対派は、住民投票の実現を意図したが、成立しなかった。一方、自衛隊常駐に伴う島の経済効果は無視できない。自衛隊進駐で診療所が建設されれば島民の保健への寄与は大きい。2008年に与那国島町議会は、警官2名だけでは十分でないと自衛隊配備を決議した。現実は、平和感覚の域にない。2014年4月、自衛隊は沿岸監視部対配備の工事に入った。

東シナ海の西南群島をめぐる日本・中国の主要軍事基地

写真上：水陸両用車（イメージ図）、写真下：米軍との共同訓練
出所：平成25年版 防衛白書（上下とも）

自衛隊は、南西諸島をはじめとする島嶼や領土の防衛態勢充実のため、装輪装甲車などの取得や水陸両用車の参考品購入を実施した。

凡例：
- ⚓ 艦隊基地
- ✈ 航空基地
- 🧍 陸上部隊
- 🛢 レーダーサイト

日中主要軍事基地

出所：中村秀樹『尖閣諸島沖海戦——自衛隊は中国軍とこのように戦う』光文社、2011年。

第5章 日本の国境防衛　105

国境防衛 領空の防衛と領空侵犯

ソ連機に悩まされた1980年代
近年は中国機に対するスクランブルが増加

航空自衛隊機のスクランブル（緊急発進）は、1980年代にピークを迎えた。それは主にソ連機の日本近海飛行に対するものであった。その後は減少傾向にあったが、近年は、中国機による東シナ海、南西諸島の上空飛行により、急増している。

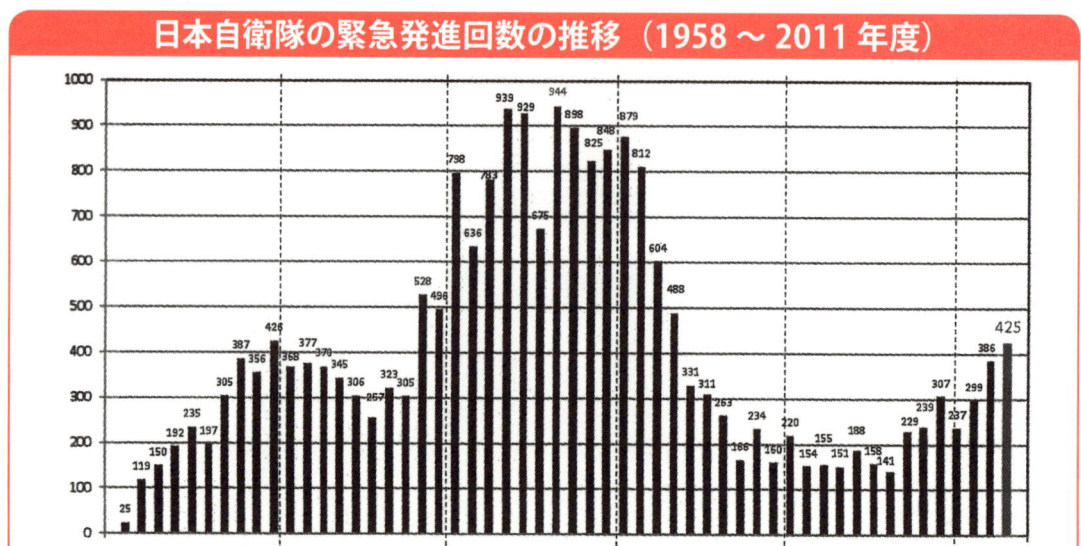

日本自衛隊の緊急発進回数の推移（1958～2011年度）

主にソ連機に対するスクランブルによる1980年代のピーク後、減少傾向にあったが、近年は、中国機に対するスクランブルによって再度増加。

出所：防衛年鑑刊行会編『防衛年鑑』2012年度版、防衛メディアセンター、2012年。

外国機の日本付近飛行に対する航空自衛隊のスクランブル発進は、年間、数百回に達する。代表的なのは、1987年12月にソ連軍機が沖縄本島上空を無線警告を無視して、何度も通過した事件であった。

また、1976年9月6日、函館空港にソ連戦闘機ミグ25が飛来し、強行着陸するという事件が起きた。この事件では、日本のレーダー網に盲点があることが判明した。

1990年代半ば以降、発進回数は少なくなってきていたが、2000年代半ば以降は上昇傾向にある。それは、中国機による東シナ海、南西諸島の上空での飛行が急増しているためだ。

なお、日本への領空侵犯に対しては、航空自衛隊が対応している。スクランブル（緊急発進）は、海上自衛隊のイージス艦及び陸上自衛隊の地対空ミサイルSAM部隊による対空侵犯措置が連動している。

ただし、自衛隊法第84条には、着陸または領空外への退去しか規程されておらず、軍用機による侵犯でも、それに対する攻撃について明確な記述はない。パイロットの判断で侵入機を撃墜することは難しく、ロケットを装備した中国機が日本機への異常接近を繰り返している。

日本自衛隊の地域別緊急発進回数（2007～2011年度）

地域	ロシア	中国	台湾	北朝鮮	その他	計
2007年度	253	43	3	0	8	307
2008年度	193	31	7	0	6	237
2009年度	197	38	25	8	31	299
2010年度	264	96	7	0	19	386
2011年度	247	156	5	0	19	425

日本の防空識別圏

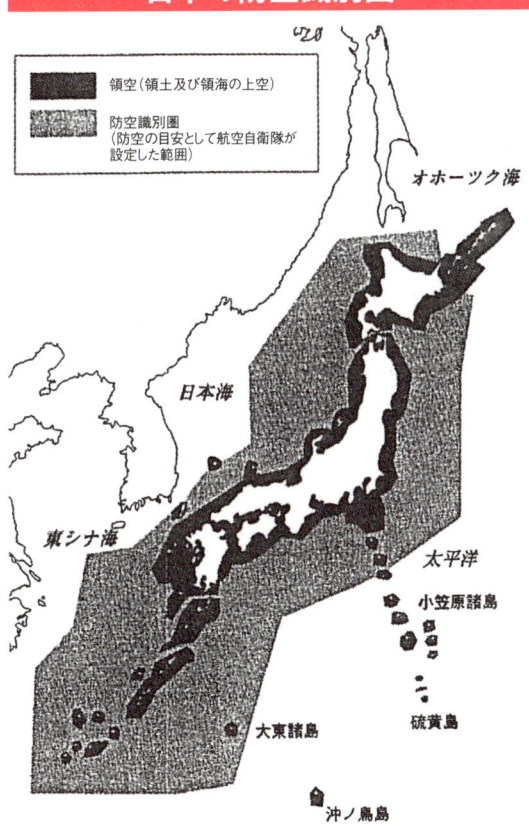

- 領空（領土及び領海の上空）
- 防空識別圏（防空の目安として航空自衛隊が設定した範囲）

緊急発進の対象となったロシア機の飛行パターン例

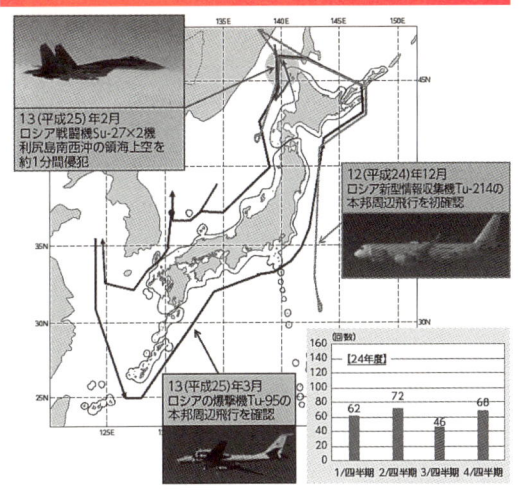

13（平成25）年2月 ロシア戦闘機Su-27×2機 利尻島南西沖の領海上空を約1分間侵犯

12（平成24）年12月 ロシア新型情報収集機Tu-214の本邦周辺飛行を初確認

13（平成25）年3月 ロシアの爆撃機Tu-95の本邦周辺飛行を確認

【24年度】
- 1/四半期: 62
- 2/四半期: 72
- 3/四半期: 46
- 4/四半期: 68

出所：平成25年版 防衛白書

海南島事件

2001年4月1日、中国領海南島から東南に110kmの距離にある南シナ海の公海上空で、アメリカ海軍所属機へ中国軍機が意識的に衝突する事件があり、中国国内の無線通信傍受の偵察活動を行っていた米軍機パイロットは海南島に不時着後、中国当局に身柄を拘束された。
中国機のパイロットは衝突・墜落後、行方不明となったが、中国当局はこれを英雄的行動として表彰した。中国の示威行為と言われている。

緊急発進の対象となった中国機の飛行パターン例

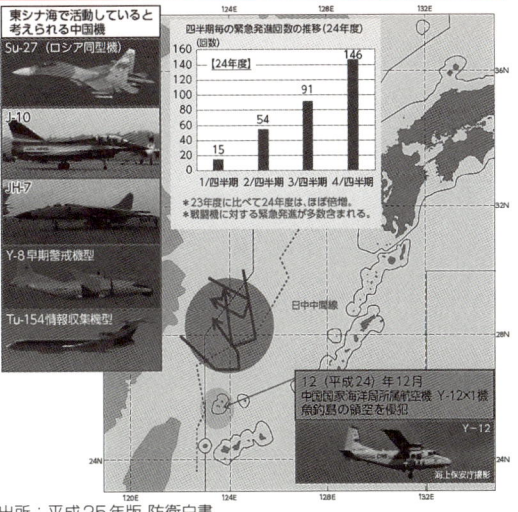

東シナ海で活動していると考えられる中国機
- Su-27（ロシア同型機）
- J-10
- JH-7
- Y-8早期警戒機型
- Tu-154情報収集機型

四半期毎の緊急発進回数の推移（24年度）
- 1/四半期: 15
- 2/四半期: 54
- 3/四半期: 91
- 4/四半期: 146

※23年度に比べて24年度は、ほぼ倍増。
※戦闘機に対する緊急発進が多数含まれる。

12（平成24）年12月 中国国家海洋局所属航空機 Y-12×1機 魚釣島の領空を侵犯

出所：平成25年版 防衛白書

第5章 日本の国境防衛

国境防衛 — 北朝鮮ミサイルの脅威

北朝鮮の続ける弾道ミサイル発射実験
米国に頼らざるを得ない日本の警戒態勢

北朝鮮の行っている弾道ミサイルの開発・発射実験、および地下核実験は、日米のみならず国際的な非難を受けている。にもかかわらず続けられる北朝鮮弾道ミサイルの脅威に対する日本の警戒態勢はどうか。

テポドン1号の日本上空通過（1993年）

（図：飛翔体、第1段推進装置切り離し、物体A、物体B、物体C、物体D、約180Km、約200～300Km、約160Km、約60Km、約520Km、約1100Km、約1600Km／地図：発射地点 大浦洞（テポドン）、物体A 約180Km、物体B 約1,100Km、物体C 約1,600Km）

出所：防衛庁資料。

北朝鮮の12キロトン級ミサイルが東京中枢へ着弾した場合のシミュレーション・シナリオ

半径25キロメートル地帯は致死率90％、千代田区は全域がほぼ全滅、港区は半分、10万人が即死、39万人が被爆で30％が24時間以内に死亡。

（マイケル・ユー／デクスター・イングラム『ウォー・シミュレイション―北朝鮮が暴発する日』p104-108、新潮社、2003年）

　北朝鮮は、1993年のノドン・ミサイル発射を皮切りに、1998年（テポドン1号）、2006年（テポドン2号など）、2009年（テポドン2号改良型）、2012年4月（同）、2012年12月（同改良3段式）、2014年4月（ノドン）と、弾道ミサイルの発射実験を行ってきた。

　2006年、2009年、2012年に行われた地下核実験で、国際的な非難を受け、国連による制裁決議も行われているが、いまだに北朝鮮はこれらの開発を続けている。

　日本にとっては、1998年のテポドン1号が第一弾目は日本海に、第二段目は日本上空を通過して太平洋・三陸沖に落下するなど、領空侵犯を受け、領土・領海に着弾する可能性もあるため、常に警戒してきている。迎撃ミサイルSAM3搭載のイージス艦4隻、地対空誘導弾パトリオット3（PAC3）装備の高射隊16隊を配備しているが、高射隊の防衛範囲は数十キロに限定されるので、量質両面の充実が課題となっている。また、日本は4基の情報収集衛星を運用しているが、停止衛星でないために警戒・監視能力は限定的で、かつミサイル発射時の熱源を探知できる早期警戒衛星を保持していないため、ミサイル発射の第一報を米国から受けてきた。米国に頼らざるをえない現実をいかに克服できるかは、日本にとって安全保障上の第一義的課題となっている。

北朝鮮の弾道ミサイル発射実験

	主な出来事
1993年5月29日	南東部江原道元山からノドン・ミサイルを発射。能登半島北方350キロメートル付近に着弾した可能性が指摘された。
6月11日	発射から2週間後の米朝共同声明で、北朝鮮は核拡散防止条約の遵守の意志を確認した。
1998年8月31日	東部舞浦洞付近からテポドン1号を発射。第一弾目は日本海に、第二弾目は日本上空を通過して太平洋・三陸沖に落下。
9月4日	朝鮮中央通信社は、今回の発射は人工衛星の打上げであると報じた。
2006年7月5日	北朝鮮がスカッド、ノドン、テポドン2号の弾道ミサイル計7発を日本海に向けて発射。
2009年2月4日	咸鏡北道花台郡舞水端里のミサイル発射施設でテポドン2号の発射準備が進められ、日本、韓国、米国が反対を表明した。
3月12日	北朝鮮は、国際海事機関および国際民間航空機関に対し、通信衛星の打ち上げを通告。
3月27日	日本、防衛相が破壊措置命令を発出。
4月5日	11時30分頃、ミサイルが発射され、37分に日本東北地方上空数百キロメートル上空を通過。
同日	北朝鮮は、通信衛星の打ち上げ成功を報じたが、米国及び韓国は、周囲軌道にかかる衛星はないと発表。ロシアも、軌道上に衛星がないことを確認した。
2012年4月13日	沖縄上空を通過する人工衛星と主張する長距離弾道ミサイルが、北朝鮮北西の東倉里から発射されたが発射1分余で爆発、黄海上に落下。
12月12日	北朝鮮はテポドン2号の改良3段式を打上げ。朝鮮中央通信は、人工衛星の打上げに成功し、地球の両極上空を通る極軌道を周回していると発表。
2012年12月12日	事実上の長距離弾道ミサイル発射を実施。
2013年1月22日	国際連合において北朝鮮に対する制裁強化決議が成立。
2月12日	北朝鮮は3回目の核実験を強行し、核弾頭化に成功。
3月5日	北朝鮮は、朝鮮休戦協定の白紙化を表明。
3月7日	核実験に対する追加制裁決議が成立。
3月8日	北朝鮮は、韓国との不可侵合意の破棄を宣言。
3月26日	朝鮮人民軍最高司令部は、戦略ロケット軍部隊を1号戦闘勤務態勢に突入させると発表。ミサイル発射準備態勢に入った。
4月1日	北朝鮮最高人民会議、核開発・使用を法制化。
4月7日	自衛隊法第82条の3に基づき、ミサイル破壊措置命令が発せられた。
4月13日	石破茂自由民主党幹事長、北朝鮮のミサイル発射は自衛権の対象と発言。
2014年3月26日	北朝鮮、ノドンミサイルと思われる中距離弾道ミサイル2発を発射。

注釈：
- 大気圏外とはいえ、事前通告なしに日本上空を通過したことで、領空侵犯とされ、アジアの平和に脅威であるとされた。
- 国連安保理で、北朝鮮の弾道ミサイル計画に関わる全ての活動の停止を要求する決議が採択された。
- 本土上空を通過する日本では、領域内への落下に備え、ミサイルによる迎撃を検討。
- これに対して北朝鮮は、衛星迎撃なら軍事報復をすると表明。
- 日本はレーダーで追尾し、被害はないと判断、迎撃せず。
- 韓国民主労働党は「発射体が試験通信衛星であることが明らかになった以上、米・日・韓など周辺諸国のすべての軍事的措置は解除されなければならない」との声明を出した。
- ミサイルの搭載物が軌道に進入したことは、米国及び韓国の軍事筋も確認した。
- 防衛省はこのミサイルの射程が「1万km以上に及ぶ可能性がある」と報告（2013年1月25日）。アメリカ本土に到達すると解される。
- 北朝鮮に核兵器開発計画を断念させることを狙いとしており、国際交渉の場に復帰するよう、北朝鮮に呼びかけた。
- これは、非核化の拒絶を意味した。
- 日・米・韓の警戒の中、北朝鮮は5月に数次、短距離弾道ミサイルを発射。
- 日本の防空識別圏内に落下したと見られる。また、2月・3月に短距離弾道ミサイルを日本海に向けて発射している。

日本の北朝鮮ミサイルに対する破壊措置命令の事例

2009年3月27日
麻生内閣、SM3搭載のイージス艦を日本海、PACを首都圏と東北に配備。4月5日、北朝鮮、長距離弾道ミサイルを東方へ発射。領土に落下する可能性はないと判断して迎撃しない。

2012年3月30日
野田内閣、SM3搭載のイージス艦を日本海と東シナ海、PAC3を首都圏と沖縄に配備。4月13日、北朝鮮、発射失敗。迎撃していない。

2012年12月7日
野田内閣、SM3搭載のイージス艦を日本海と東シナ海、PAC3を首都圏沖縄に配備。12月12日、北朝鮮、長距離ミサイルを南太平洋へ発射、迎撃していない。搭載物体は地球軌道に突入したとされるが不明。

第5章 日本の国境防衛

日本の国境を形成する島々⑤
硫黄島・南鳥島・沖ノ鳥島

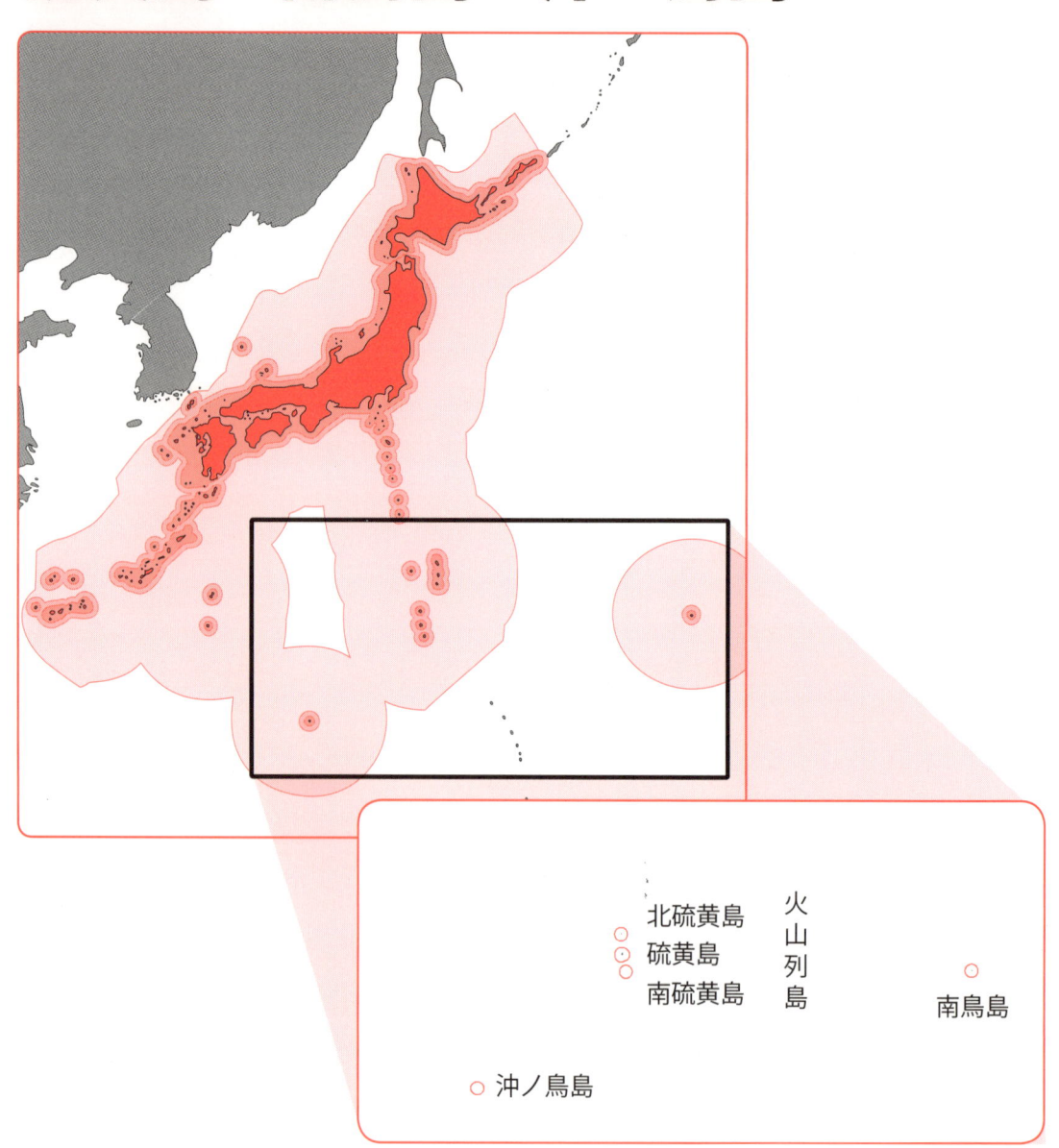

火山列島
　北硫黄島
　硫黄島
　南硫黄島
　　　　　南鳥島
沖ノ鳥島

　硫黄島は、東京都小笠原諸島南西の火山列島（硫黄列島）にある。16〜17世紀に欧米人によって存在が確認されていたが、絶海の孤島のため、無主の地として放置されていた。1891年9月硫黄列島と命名され、小笠原諸島の所轄となった。

　小笠原諸島父島の南東1200キロメートルの西太平洋上に日本最東端となる南鳥島がある。漁業の目的で日本人が移住し、1898年7月小笠原島庁の所属となり、南鳥島と命名された。

　最南端の沖ノ鳥島は、南硫黄島の南西約685キロメートルにある。北と東にある2つの岩礁が満潮時に約70センチメートル、海上に出現する。

【著者紹介】

浦野　起央 （うらの　たつお）

1955年、日本大学法学部卒業。政治学博士。

日本アフリカ学会理事、日本国際政治学会理事、アジア政経学会理事、国際法学会理事、日本平和学会理事を歴任。現在、日本大学名誉教授、北京大学客座教授。

〈主要著書〉

主な著書に、『資料体系アジア・アフリカ国際関係政治社会史』『現代における革命と自決』（パピルス出版）、『ジュネーヴ協定の成立』（巌南堂書店）、『ベトナム問題の解剖』（外交時報社）、『パレスチナをめぐる国際政治』『現代紛争論』『新世紀アジアの選択——日・韓・中とユーラシア』『日・中・韓の歴史認識』（南窓社）、『中日相互認識論集』（香港社会学科出版社）、『釣魚臺群島（尖閣諸島）問題研究資料匯編』（勵志出版社／刀水書房）『国際関係理論史』『人間的国際社会論』『国際関係のカオス状態とパラダイム』『朝鮮統一の構図と北東アジア』（勁草書房）、『20世紀世界紛争事典』（三省堂）、『南海諸島国際紛争史』（刀水書房）、『ユーラシアの大戦略—3つの大陸横断鉄道とユーラシア・ドクトリン』（時潮社）、『世界テロ事典』『尖閣諸島・琉球・中国—日中国際関係史』、『冷戦・国際連合・市民社会——国連60年の成果と展望』、『チベット・中国・ダライラマ—チベット国際関係史』、『日本の国境［分析・資料・文献］』（三和書籍）、他多数。

訳書では、ダグラス・パイク『ベトコン』（鹿島研究所出版会）、クラウス・クノール『国際関係におけるパワーと経済』（時潮社）、ハッサン・ビン・タラール『パレスチナの自決』、張聿法・他『第二次世界大戦後　戦争全史』（刀水書房）、アラン・ラブルース／ミッシェル・クトゥジス『麻薬と紛争』（三和書籍）、他多数。

地図と年表で見る
日本の領土問題

2014年8月10日　第1版第1刷発行

著　者　浦野起央
©2014 Tatsuo Urano

発行者　高橋　考

発　行　三和書籍

〒112-0013　東京都文京区音羽2-2-2
電話 03-5395-4630
FAX 03-5395-4632
郵便振替 00180-3-38459
http://www.sanwa-co.com/
印刷/製本　日本ハイコム株式会社

乱丁、落丁本はお取替えいたします。定価はカバーに表示しています。
本書の一部または全部を無断で複写、複製転載することを禁じます。
ISBN978-4-86251-159-1 C0031 Printed in Japan

本書の電子版（PDF形式）は、Book Pub（ブックパブ）の下記URLにてお買い求めいただけます。
http://bookpub.jp/books/bp/396

三和書籍の好評図書
Sanwa co.,Ltd.

日本の国境【分析・資料・文献】
領土・領海・領空に関する紛争とその外交交渉の経緯を、日本と相手国そして第三国の各時代の文献や法律条文・外交文書・声明文といった客観的資料を、豊富に掲載して分析するとともに、国境はどのように認識され、成立してきたのかという、議論の土台となる点についても資料をもとに冷静な考察を加える。

日本大学名誉教授 浦野起央 著
A5判／上製／520頁／本体 10,000 円＋税
ISBN978-4-86251-152-2

増補版 尖閣諸島・琉球・中国【分析・資料・文献】
海洋国家日本にとって、尖閣諸島の問題は日本生存の鍵となる論点にある。尖閣諸島をめぐる国際関係史から、各当事者の主張をめぐる比較検討を行い、客観的立場で記述。02 年刊の増補版。

日本大学名誉教授 浦野起央 著
A5判／上製／324頁／本体 10,000 円＋税
ISBN978-4-916037-79-4

世界テロ事典
日本大学名誉教授 浦野起央 著
B6判／並製／293頁／本体 3,000 円＋税
ISBN978-4-916037-40-4

麻薬と紛争
麻薬の戦略地政学
アラン・ラブルース、ミッシェル・クトゥジス 著／浦野起央 訳
四六判／上製／192頁／本体 2,400 円＋税
ISBN978-4-916037-42-8

冷戦・国際連合・市民社会
国連 60 年の成果と展望
日本大学名誉教授 浦野起央 著
A5判／並製／300頁／本体 4,500 円＋税
ISBN978-4-916037-82-4

チベット・中国・ダライラマ
チベット国際関係史【分析・資料・文献】
日本大学名誉教授 浦野起央 著
A5判／上製／1040頁／本体 25,000 円＋税
ISBN978-4-916037-98-5

地政学と国際戦略
新しい安全保障の枠組みに向けて
日本大学名誉教授 浦野起央 著
A5判／上製／446頁／本体 4,500 円＋税
ISBN978-4-86251-004-4

もうひとつのチャイナリスク
知財大国中国の恐るべき国家戦略
依久井祐 著
四六判／並製／237頁／本体 1,500 円＋税
ISBN978-4-86251-153-9

アジア太平洋戦争の意義
日米関係の基盤はいかにして成り立ったか
大阪外語大学助教授 杉田米行 編著
A5判／並製／278頁／本体 3,500 円＋税
ISBN978-4-916037-91-6

アメリカ的価値観の揺らぎ
唯一の帝国は 9・11 テロ後にどう変容したのか
大阪外語大学助教授 杉田米行 編著
四六判／上製／269頁／本体 3,000 円＋税
ISBN978-4-86251-002-0

アメリカ"帝国"の失われた覇権
原因を検証する 12 の論考
大阪外語大学助教授 杉田米行 編著
四六判／上製／407頁／本体 3,500 円＋税
ISBN978-4-86251-022-8

アメリカ社会を動かすマネー：9つの論考
大阪外語大学准教授 杉田米行 編
四六判／上製／315頁／本体 3,000 円＋税
ISBN978-4-86251-033-4

オバマのアメリカ・どうする日本
日本のヒューマンパワーで突破せよ！
多田幸雄・谷口智彦・中林美恵子 共著
四六判／並製／278頁／本体 1,800 円＋税
ISBN978-4-86251-055-6

日中新時代をひらく 転換期日中関係論の最前線
法政大学教授 王敏 編
A5判／上製／390頁／本体 3,800 円＋税
ISBN978-4-86251-097-6

日中新時代をひらく 創意は中国を変える
厲無畏 著 法政大学教授 王敏 編・監訳
A5判／上製／374頁／本体 3,800 円＋税
ISBN978-4-86251-151-5

国際日本学とは何か？ 内と外からのまなざし
星野勉 編
A5判／上製／316頁／本体 3,500 円＋税
ISBN978-4-86251-034-1

国際日本学とは何か？ 日中文化の交差点
法政大学教授 王敏 編
A5判／上製／337頁／本体 3,500 円＋税
ISBN978-4-86251-035-8

国際日本学とは何か？ 中国人の日本観 相互理解のための思索と実践
法政大学教授 王敏 編
A5判／上製／433頁／本体 3,8000 円＋税
ISBN978-4-86251-059-4

国際日本学とは何か？ 東アジアの日本観 文学・信仰・神話などの文化比較を中心に
法政大学教授 王敏 編
A5判／上製／412頁／本体 3,800 円＋税
ISBN978-4-86251-092-1

美しい日本の心
法政大学教授 王敏 著
四六判／並製／263頁／本体 1,900 円＋税
ISBN978-4-86251-080-8

中国の公共外交
「総・外交官」時代
中国人民政治協商会議外事委員会主任 趙啓正 著 王敏 編・監訳
A5判／上製／270頁／本体 3,000 円＋税
ISBN978-4-86251-122-5

徹底検証！ 日本型 ODA
非軍事外交の試み
金熙徳 著／鈴木英司 訳
四六判／並製／340頁／本体 3,000 円＋税
ISBN978-4-916037-43-5

日中関係の管見と見証
国交正常化三十年の歩み
張香山 著／鈴木英司 訳
A5判／上製／275頁／本体 3,200 円＋税
ISBN978-4-916037-47-3

中南海の 100 日
秘録・日中国交正常化と周恩来
鈴木英司 著
四六判／並製／282頁／本体 1,900 円＋税
ISBN978-4-86251-139-3

毛沢東と周恩来
中国共産党をめぐる権力闘争
トーマス・キャンペン 著
四六判／上製／228頁／本体 2,800 円＋税
ISBN978-4-916037-54-1

中国共産党のサバイバル戦略
法政大学法学部教授 菱田雅晴 著
A5判／上製／520頁／本体 6,000 円＋税
ISBN978-4-86251-125-6